Arrume a sua vida

Sueli Rutkowski

Arrume a sua vida

Dicas práticas, truques e conselhos da maior especialista em organização do país

Copyright © Sueli Rutkowski, 2024
Copyright © Editora Planeta do Brasil, 2024
Todos os direitos reservados.

Preparação: Andresa Vidal Branco Vilchenski
Revisão: Nine Editorial, Renata Lopes Del Nero e Algo Novo Editorial
Capa: Renata Spolidoro
Projeto gráfico e diagramação: Negrito Produção Editorial
Ilustrações de capa e miolo: Joana Resek

Dados Internacionais de Catalogação na Publicação (CIP)
Angélica Ilacqua CRB-8/7057

Rutkowski, Sueli
  Arrume a sua vida : dicas práticas, truques e conselhos da maior especialista em organização do país / Sueli Rutkowski. — São Paulo : Planeta do Brasil, 2024.
  176 p.

ISBN 978-85-422-2512-9

1. Desenvolvimento pessoal. 2. Administração do tempo. 3. Autodisciplina. 4. Organização. I. Título.

23-6540   CDD 640.43

Índice para catálogo sistemático:
1. Desenvolvimento pessoal

Ao escolher este livro, você está apoiando o manejo responsável das florestas do mundo

2024
Todos os direitos desta edição reservados à
EDITORA PLANETA DO BRASIL LTDA.
R. Bela Cintra, 986 — 4º andar — Consolação
01415-002 — São Paulo — SP
www.planetadelivros.com.br
faleconosco@editoraplaneta.com.br

Sumário

Receitas para uma vida mais...   7

1   Como ter uma vida mais feliz?   11

2   Complicar pra quê?   23

3   Organização é tudo   39

4   Ser mais chique sem sofrer   53

5   Por uma vida mais saudável, mas sem neura!   77

6   Equilíbrio já! Tchau, neuras!   117

7   Uma vida mais rica   129

8   Uma vida mais inteligente   139

9   Mais viagens   145

10   Ser mais consciente   163

Receitas para uma vida mais...

O que não for leve que a vida leve.

A maioria de nós passa a vida se preocupando com tudo.

É tanta preocupação para que tudo dê certo, que acabamos nos esquecendo do essencial: *ser feliz com uma vida mais leve.*

Mesmo com todas as responsabilidades do dia a dia, basta nos organizarmos um pouco para descobrir que ser feliz torna tudo mais fácil de resolver.

Nos dias de hoje, pode parecer uma loucura propor uma vida leve, feliz e organizada ao mesmo tempo. Mas não é! E eu estou aqui, com este livro, para provar que é possível ordenar seu tempo para ter uma vida organizada, leve, tranquila e, consequentemente, feliz. Ou melhor, estou aqui para mostrar que organizar o tempo do nosso dia faz com que a vida se transforme em algo leve, feliz e tranquilo.

O mundo moderno exige muita dedicação e energia, tudo deve ser feito o mais rápido possível ("pra ontem"), pois, do contrário, acabamos sendo atropelados pelo que já aconteceu. Diante de tudo isso, pergunto-me:

➡ Será mesmo necessário viver em constante aceleração?
➡ As coisas precisam mesmo ser feitas "pra ontem"?

Eu acredito que não. Acho que a vida deve ser vivida em seu tempo, com tranquilidade mesmo nos tempos modernos; sou do time que defende que desacelerar de vez em quando faz bem e não atrasa ninguém. Você vai ver que, ao final deste livro, com uma rotina bem organizada e foco em você e nos que estão a seu redor, tudo fluirá melhor; o que antes parecia impossível e longe de caber na sua rotina passa a se encaixar nela perfeitamente.

Para que tudo isso dê certo, vamos fazer um acordo: não guarde o conteúdo deste livro apenas para você, compartilhe-o com quantas pessoas puder, seja com a família, os amigos ou com os colegas do trabalho, pois quanto mais gente souber que é possível levar uma vida leve e tranquila, mais a vida se tornará tranquila de fato. Não guarde o conhecimento só para você, espalhe por aí tudo o que gostar e achar interessante, pois o egoísmo é um sentimento que nos deixa sem luz e sem brilho.

A procura por uma vida mais tranquila, feliz, moderna e organizada já virou tendência entre homens e mulheres que levam uma rotina agitada, sem tempo para nada. Isso não quer dizer que você precise sair de sua casa, abandonar sua rotina e se mudar para uma casa no campo. Não! É possível ter uma vida leve e feliz em uma cidade grande, na rotina de uma metrópole movimentada e moderna. Para tanto, basta se organizar melhor e descobrir quais são suas prioridades.

Este livro oferece dicas que ajudarão você a encontrar um equilíbrio entre a agitação da rotina e a calmaria dos sonhos; é um convite ao conhecimento e às facilidades que vêm com o pacote de conseguir olhar para dentro de si; é um guia completo para quem deseja ter uma vida mais *fácil*, com mais amor e sucesso.

Se você é aquela pessoa que fica horas e horas imaginando o que fazer para melhorar sua semana ou que sonha com um tempinho livre na agenda para olhar para si, este livro é para você!

É também para pessoas que sonham com uma mesa bem-posta, uma rotina de exercícios mesmo com a correria do dia a dia, com uma mala inteligente e uma viagem dos sonhos.

A vida não é fácil, mas se você escolher complicar menos, ela se tornará mais leve e feliz.

1
Como ter uma vida mais feliz?

A tão sonhada felicidade parece ter se tornado o principal foco de atenção entre as pessoas no mundo.

Esse sentimento ganhou tamanha importância que virou até disciplina da Universidade Federal de Pernambuco e, pasmem, o número de vagas precisou ser dobrado para atender à demanda de alunos inscritos.

Mas como conquistar esse sentimento?

A felicidade não está na conquista de um carro novo, na mudança de cargo profissional nem mesmo no nascimento de um filho, ela é um estado de espírito. É uma decisão única, pessoal e permanente.

A felicidade está nas coisas mais simples da vida. Desde decidir acordar de bom humor, olhar-se no espelho e escolher ser feliz, aproveitar a vida ao máximo, curtir o hoje mesmo com os problemas e desafios que enfrentamos no dia a dia.

Ser feliz é ver nas pequenas coisas a verdadeira razão para viver. É ser grata pelo maravilhoso milagre de existir e ver uma intenção positiva até mesmo nas situações difíceis. É se amar, se aceitar, se perdoar e perdoar o próximo também.

A vida moderna com tantas tecnologias, como celulares e redes sociais, muitas vezes nos leva a um mundo irreal, ou seja, será que se espelhar no outro é o caminho a ser seguido?

Quando vemos algo ou alguém e sentimos a necessidade de ter aquilo ou sermos iguais, será que isso é felicidade?

Muitas pessoas se espelham no mundo fantasioso de outras e não conseguem se alegrar com a própria realidade. Este capítulo do livro pretende oferecer a você um guia sobre a *felicidade*.

Vamos às dicas?

DICA 1
Seja grata

Ressalte o que é maravilhoso em você.

A gratidão, por mais clichê que possa parecer, gera gratidão e nos traz paz. E quanto mais a tivermos em nosso coração, mais conseguiremos mudar o que não nos faz bem.

Você já agradeceu hoje?

Agradeça por quem você é, pela vida que tem, por suas conquistas, seus erros, sua família, seu trabalho.

Apenas seja grata.

Agradecer por estarmos vivos e acordados é essencial para começar bem o dia.

VALE A PENA REFLETIR!

➢ A vida fica mais leve quando a gente agradece mais do que pede.

➢ Experimente agradecer mais e pedir menos. Faça um exercício diário, criando uma lista com as coisas pelas quais você deve ser grata no dia. Não poupe esforços e imaginação, olhe ao redor e veja tudo o que você tem.

➢ Eu garanto, a lista é imensa e não para de crescer com o passar dos dias.

DICA 2
Dê tchau às desculpas desnecessárias

"Desculpa qualquer coisa. Obrigada. Até logo."

Por que temos a mania de nos desculpar por "qualquer coisa"? Será que somos mesmo tão culpadas assim? Será que tudo exige desculpas?

Estamos tão acostumadas a nos sentir culpadas, a carregar a culpa, seja lá por qual motivo, que antecipamos as desculpas antes de qualquer imprevisto.

Isso está longe de ser saudável! Pare de sair por aí se desculpando por "qualquer coisa". Afaste o sentimento de culpa do seu dia a dia e sinta-se mais leve com tudo aquilo que você consegue entregar ao outro.

Evite usar a palavra "desculpe" desnecessariamente.

Se você não se sente culpada, evite-a, pois ela não é complemento direto do seu "obrigada". Assim, ao se despedir de alguém em qualquer situação, apenas agradeça e despeça-se.

Deixe para pedir desculpas se for realmente necessário. Tenha certeza de que você saberá identificar uma situação que exige um pedido de desculpas.

DICA 3
Não carregue fardos que não são seus

Carregue somente os seus fardos.

Se pedir desculpas em excesso é desnecessário, imagine os fardos que você carrega?

Pare de se culpar por coisas que não estão a seu alcance.

Faça a sua parte e dê o seu melhor sempre, mas não tente ser uma super-heroína capaz de controlar tudo e todos.

Lembre-se, você não é culpada por tudo nem é capaz de solucionar todos os imprevistos e problemas do mundo.

Faça a sua parte, o que estiver a seu alcance e esteja disposta a colaborar com o bem-estar das pessoas, mas não se cobre demais.

DICA 4
Livre-se de tudo o que não te pertence

Viva o presente.

Assim como as desculpas e os fardos do mundo não são só seus, outros itens podem ser deixados pelo caminho. Por exemplo, você não tem – aliás, ninguém tem – o poder de mudar o passado ou de prever o futuro, por isso, para que ficar carregando angústia das coisas que já se passaram ou que ainda nem aconteceram?

As expectativas, os julgamentos, a negatividade, os erros dos outros, o mau comportamento das pessoas... Nada disso te pertence e tudo isso pode ser abandonado.

Você não imagina o peso que irá tirar das costas. Pense nisso e abandone pelo caminho essa mala de fardos que não são seus e que não te fazem bem. Respire e siga em frente, leve.

DICA 5
Acredite em você

Você é o máximo!

É essencial acreditarmos em nós mesmas. Quando depositamos fé e credibilidade em quem somos e em tudo o que fazemos, o resto do mundo passa a acreditar junto com a gente.

Se sua crença em si mesma anda um pouco enfraquecida, preste bastante atenção nas próximas dicas, pois temos de mudar essa relação entre o que você é e o que você acredita ser.

DICA 6
Menos rede social, mais rede real

Tenha mais proximidade com você mesma e com seus amigos.

A vida moderna tem nos levado cada vez mais às redes sociais, a uma vida em que tudo acontece em um clique.

Até que ponto esse estilo de vida é saudável? Até que ponto acompanhar a vida de pessoas que nem conhecemos nos faz bem?

Especialistas já andaram pesquisando um pouco a respeito disso e, atualmente, já é possível diagnosticar quem sofre com a vida inalcançável proposta na internet.

Se você já se viu menosprezando a vida que tem ou tendo crises de ansiedade por conta das redes sociais, chegou a hora de repensar o uso que faz delas, propondo-se a uma vida mais off-line, mais real.

Para reduzir o uso das redes sociais, basta instalar no celular um aplicativo que sinalize o tempo que você permanece on-line. Procure instalar um desses apps, estabeleça um limite diário e programe o celular para avisá-la quando esse limite for atingido.

Procure dar atenção a atividades que podem e devem ser feitas off-line, como ler um livro, assistir a um filme, fazer uma atividade física e, por que não, conversar com as pessoas que estão com você?

Comece a se preocupar com o real e perceba o quanto sua presença é essencial para outras pessoas. Isso fará com que você se sinta mais confiante, centrada e focada nas suas qualidades.

Deixe o outro com a vida do Instagram pra lá!

DICA 7
Mexa-se

Faça uma atividade física em vez de ficar nas redes sociais.

A atividade física só traz benefícios ao corpo e à mente. A sensação de bem-estar e de confiança que um exercício promove é realmente transformadora.

Encontre uma atividade que lhe dê prazer e comece a praticá-la, mas lembre-se: seja generosa com você e não se cobre demais.

O segredo para conseguir sair de casa e vencer a preguiça é começar com algo que lhe dê prazer e lhe faça bem – e, claro, essa sensação só vem quando você faz algo de que realmente gosta.

Encontre o que gosta e bote esse corpo para se mexer!

Os benefícios aparecerão e te deixarão mais confiante em praticar os exercícios.

DICA 8
Oi, amor-próprio, vem cá!

Seja mais gentil com você.

Sorrir é sinal de inteligência.

Qual é a necessidade de se odiar tanto? De encontrar tantos defeitos em uma imagem tão linda que é só sua e de mais ninguém?

Pare com isso! Você é sim a coisa mais linda do mundo inteiro e ninguém pode fazer com que você acredite no contrário.

Você hoje é o resultado da pessoa que tanto lutou para ser.

Procure se amar mais, se elogiar mais e ser mais justa. A partir de agora, você vai:

- Aceitar e agradecer os elogios que recebe com um sorriso no rosto.
- Parar de se menosprezar ou achar que os elogios não são sinceros.
- Ser gentil com sua imagem, comemorando as conquistas diárias, sejam quais forem.
- Ser menos exigente, cobrar-se menos e lembrar-se sempre de que você lutou e muito para ser quem é agora, neste exato momento.
- Amar sua imagem. O amor é poderoso e nos ajuda a sermos melhores a cada dia.
- Agradecer sempre.

DICA 9
Separe um tempo para você

Dia da preguiça, dia de não fazer nada.

Viver no século 21 é cansativo, e muitas vezes as 24 horas do dia parecem passar num piscar de olhos.

É tanta coisa para resolver, tanta burocracia e tantos problemas, que na maior parte do tempo abrimos mão de nós mesmas para dar conta de tudo. Não há nada mais frustrante do que chegar ao fim do dia ou da semana e ter a sensação de que só trabalhamos e nos preocupamos com os outros, não é mesmo?

Por isso, de agora em diante, você vai:

- Reservar um tempinho do dia para você, mesmo que apenas 15 minutos, mas que esse tempo seja só seu, só para atender a seus desejos.
- Procurar se organizar e encontrar uma brecha na agenda para marcar um compromisso com você mesma.
- Descobrir qual período do dia é melhor para você de fato cumprir o compromisso marcado. Mais uma vez, lembre-se: nesse momento, avalie o que é bom e o que funciona para você, pois só assim conseguirá manter esse compromisso diário. Avalie se as manhãs são mais tranquilas que as tardes, ou se as noites são calmas... E escolha o melhor horário.
- Fazer o que estiver a seu alcance, mas não deixar de fazer.

A sensação de bem-estar e de autocuidado fará de você uma pessoa mais feliz e mais leve no fim do dia.

DICA 10
Leve-se para passear!

Qual foi a última vez que você fez uma coisa que realmente quis?

Pense alguns minutos para responder e seja sincera.

Entretanto, não importa a resposta. Eu quero é chamar a atenção para a importância de mantermos a personalidade e não abrirmos mão do que queremos em função do outro. É claro que, muitas vezes, a vida em sociedade nos leva a desistir de algo que queremos ou gostamos muito para facilitar o convívio ou para manter a harmonia nos relacionamentos, mas se permitir realizar desejos é o que nos mantém vivos, nos faz lembrar quem somos e o que queremos para nós mesmas e para quem convive conosco. Desse modo, de hoje em diante:

- Leve-se para passear.
- Faça algo que seja satisfatório para você, seja lá o que for, do desejo mais simples ao mais inusitado: essa realização é importante para você e só isso já a torna essencial.
- Diga "sim" a quem você é.
- Vá a restaurantes.
- Saia por aí à toa, sem destino.
- Faça uma massagem.

➡ Compre roupas novas.
➡ Viaje.
➡ Volte a estudar.
➡ Realize, sempre que possível, um desejo seu, pois isso é levar a alma para passear.

2

Complicar pra quê?

Pra que complicar? Simplifique!

Já deu para perceber que o objetivo deste livro é mesmo mudar a sua vida, não é?

E se no primeiro capítulo a nossa busca foi por você e sua essência, neste pretendo ajudá-la a descobrir quais são os pontos da sua vida que podem ser transformados para que você viva sem complicações.

Quando falo "complicações", refiro-me a tudo aquilo que nos leva a ter uma vida mais difícil do que realmente poderia ser.

Você já deve ter parado para se perguntar, em algum momento, por que certas coisas acontecem de determinado modo. A verdade é que na maior parte do tempo não sabemos dizer por que motivo as coisas não saíram da maneira que esperávamos ou do modo como havíamos planejado.

A correria, às vezes, chega a ser tanta que não conseguimos identificar o porquê de tudo.

Mas fica a pergunta: *nós temos mesmo que saber responder a todas as perguntas?*

A cada dia que passa, eu me convenço mais de que nem sempre as perguntas precisam de respostas. E, mais do que isso, algumas dessas perguntas não deveriam sequer ser feitas.

Por exemplo, para que ficar tentando se perguntar por que aquele relacionamento não deu certo? Ou por que tentar imaginar o que as pessoas andam falando sobre você? No trabalho, será que é mesmo necessário se preocupar tanto com aquela promoção que foi prometida para os próximos anos?

Estas e muitas outras perguntas, geralmente com respostas que não dependem só da nossa percepção, podem nos levar a uma vida ainda mais complicada do que aquela que já se apresenta todos os dias, com contas para pagar, casa para cuidar, filhos para educar, família para amar e carreira para desenvolver.

Vamos tentar mudar um pouco o olhar para esse mundo que nos cerca e transformar um pouquinho as coisas?

Garanto que as pequenas mudanças que eu proponho a seguir vão alterar a sua rotina, deixando-a mais leve, feliz e sem complicações desnecessárias.

DICA 1
*Seja você mesma,
não importa o lugar ou a situação*

Se a vida não anda fácil, imagine ter que ficar por aí usando máscaras para mudar a pessoa que você verdadeiramente é.

Eu não imagino uma vida assim. Aliás, só de pensar em algo parecido fico cansada. Eu me nego a sair de casa se não for pra ser eu mesma.

Brincadeiras e exageros à parte, o que eu quero com essa dica é convidá-la para uma reflexão:

- ➡ Vale a pena ser alguém diferente do que se é só para agradar outra pessoa?
- ➡ A vida é muito curta para não ser vivida de maneira integral e da melhor forma possível, e não há nada mais maravilhoso neste mundo do que ser realmente quem se é.
- ➡ Diga-me, afinal, de que adianta amor-próprio e autoestima lá nas nuvens se não pudermos ser quem somos de verdade? Não vale nada!

Por isso, seja sempre você. Ame-se. Cuide-se. Faça as pazes com o seu corpo. Aprenda a gostar do seu estilo e do seu jeito de falar. Sinta orgulho de tudo o que você conquistou. Nunca se esqueça: se você precisa ser diferente para agradar alguém, alguma coisa está errada, e talvez seja melhor repensar esse relacionamento, seja ele qual for.

DICA 2
Pare de se preocupar com o que os outros pensam

Se a ideia é ser você mesma, nada mais justo do que parar de se preocupar com o que os outros acham, não é mesmo?

Eu sei que a autoconfiança e a segurança só vêm com o tempo, mas para que complicar a sua rotina tentando adivinhar o que os outros pensam de você?

Não vale a pena! E, além disso, o tempo que perdemos tentando descobrir o que dizem a nosso respeito pode ser aproveitado de uma forma muito mais útil e produtiva.

Sendo você mesma, com o tempo, a carga da opinião alheia tende a diminuir. Todavia, o passo a passo a seguir também pode ser um bom aliado:

- Seja sempre verdadeira: mentira tem perna curta.
- Quanto mais verdadeira você for, mais inofensivos serão os comentários a seu respeito.
- Evite fofocas, você só faz para o outro aquilo que espera que façam para você. Se você ama uma fofoca, naturalmente não se importa em ser alvo de uma, não é?
- Não tire conclusões precipitadas sobre tudo o que acontece, pois na maior parte do tempo essas opiniões acabam sendo só conjecturas e mais nada.
- Não se culpe.

Já falei sobre a culpa no capítulo 1, mas nunca é demais lembrar a importância de uma vida sem culpa.

Os outros seguirão sendo os outros, por isso continue sendo você.

DICA 3
Preocupação em excesso só traz rugas

Eu sei que esta é uma dica difícil de cumprir, mas já parou para pensar que, certas vezes, as preocupações não passam disso mesmo?

Os problemas — cada um tem os seus — fazem parte da vida e, claro, nosso objetivo é resolvê-los, mas passar o tempo todo pensando em tudo de ruim que nos acontece não ajuda e, certamente, atrapalha e muito.

Portanto, preocupe-se com o que está dentro do seu alcance, ou seja, bastam os seus problemas, as suas dores e as suas tristezas.

Tente ser racional ao menos nesses momentos e se preocupar o menos possível. Resolva os problemas, um de cada vez.

Portanto...

- As contas estão atrasadas? Preocupe-se em encontrar a solução para quitá-las, e não com o motivo que a levou a chegar a essa situação.
- Vai receber visita e a casa está suja? Em geral, a sujeira de uma casa passa despercebida aos olhos dos estranhos, ainda mais se estiver arrumada. Preocupe-se em manter as coisas em ordem, pois é mais importante uma casa ou um escritório estar com tudo no lugar e organizado do que impecavelmente limpo.
- Vai a uma festa e está sem roupa? Preocupe-se em encontrar a roupa ideal, que valorize seu corpo, e não foque nos quilos que você ganhou nos últimos tempos.

> **VALE A PENA REFLETIR!**
>
> ➢ A lista é imensa e as preocupações também, porém, quanto menores forem as preocupações, maior é o tempo para conseguir solucioná-las.

DICA 4
O problema do outro é do outro, e não seu

É triste dizer, mas é preciso lembrar: somos humanas, não super-heroínas.

Infelizmente, não dá pra sair por aí abraçando todas as causas e todos os problemas do mundo.

Não estou querendo dizer que é pra você parar de ajudar as pessoas ou de tentar melhorar o mundo, não. Pelo contrário, eu acredito que quanto mais nos ajudamos, mais o mundo se torna um lugar melhor.

Porém é preciso lembrar que não conseguimos abraçar o mundo!

Pra dizer a verdade, quando tentamos dar conta de tudo e sair por aí resolvendo a vida de todos, o que pode acontecer é exatamente o contrário e, mais do que isso, podemos acabar nos frustrando por (obviamente) não sermos super-heroínas. Portanto...

➡ Lembre-se: você é humana e não consegue fazer tudo ao mesmo tempo.
➡ Reconheça suas causas e lute por elas.

- É impossível lutar por todas as causas de que o mundo carece, mas, se você conseguir lutar por uma só, já fará um excelente trabalho.
- Você não precisa carregar o mundo nas costas.
- Você não está sozinha e pode, sim, contar com o apoio das pessoas – aliás, deve contar.
- As pessoas são capazes de resolver os próprios problemas.
- Aceite que as pessoas em sua maioria são independentes e podem resolver suas questões, e isso é bom e não quer dizer que elas não precisem de apoio, só quer dizer que elas caminham por si sós.
- Livre-se da fantasia de super-heroína e concentre suas forças naquilo que você acredita e no que lhe faz bem.

DICA 5
Expectativa é diferente de sonho

Você já parou para pensar na diferença entre sonho e expectativa?

Se não, chegou a hora de entender o que é uma coisa e o que é a outra, pois elas são bem diferentes!

Expectativa é tudo aquilo que você projeta em cima da realidade.

Muitas vezes as expectativas são alcançadas, mas elas também podem ser superadas ou frustradas.

Quando elas são alcançadas, o sentimento é maravilhoso, afinal, não há nada melhor do que ser surpreendida positivamente, não é?

O problema está nas expectativas frustradas. Estas, sim, nos fazem olhar a realidade de maneira negativa, com tristeza e decepção, e até mesmo raiva.

Já o *sonho* é bem diferente de expectativa.

O sonho é aquilo que se constrói com base na realidade, com intenção de transformá-la, e o único objetivo de um sonho é torná-lo realidade.

Consegue ver a diferença entre o sonho e a expectativa?

Com os sonhos, dificilmente nos frustramos ou sentimos raiva e tristeza. E a sensação de um sonho realizado é sempre de alegria, felicidade, orgulho e satisfação.

Se o plano é ter uma vida sem complicações, o ideal é que você consiga diferenciar bem estes pilares na sua rotina:

- Quais são seus sonhos?
- Por que você constrói expectativas em cima da realidade que vive?

Ao listar seus sonhos, perceberá que eles são bem diferentes das expectativas. E, com isso, conseguirá diferenciar os sentimentos na sua rotina. Tente:

- Reduzir as expectativas e alinhar-se mais com o presente, com o que você tem; projetar seu momento atual de modo que você consiga realizar seus sonhos no futuro.
- Compreender que realizar sonhos e correr atrás disso é diferente de alimentar expectativas.

DICA 6
A grama do vizinho é mais verde

Não há nada mais cruel do que essa afirmação.

Ao acreditarmos no fato de que a grama do vizinho sempre será mais verde, depositamos todos os sentimentos de fracasso e perda na nossa própria vida.

Por que, em alguns momentos, não enxergamos nossa realidade e só conseguimos ver o sucesso na vida do outro?

Eu não tenho a resposta, mas posso ajudá-la a entender que sua grama é verde sim, e pode ser tão verde como a do vizinho ou ainda mais.

A verdade é que ao compararmos nossa vida com a dos outros, passamos a acreditar que tudo de ruim se passa com a gente enquanto os benefícios ficam sempre com o outro, e não é bem assim. Então:

- ➡ Lembre-se de agradecer o que você tem. (Já disse, no capítulo 1, que você deve ser grata, mas gratidão deve ser um lema de vida e, por isso, merece ser relembrada aqui.)
- ➡ Nunca se esqueça de que, assim como você, seu vizinho também tem batalhas e dias difíceis.
- ➡ Mantenha o pensamento sempre positivo.
- ➡ Deseje para o outro o que você gostaria de ter.
- ➡ Sinta-se feliz com a felicidade do outro. Felicidade atrai felicidade.

➡ Seja gentil com você e com o próximo e pare de julgar a vida alheia, pois você não sabe as batalhas que a pessoa enfrenta.

DICA 7
Dizer "não" é preciso e importante

Hoje, mais do que nunca, dizer "não" se tornou essencial.

Vivemos em uma sociedade que se constrói no imediatismo e não aceita esperar para obter respostas ou conseguir o que deseja. Tudo se tornou prioridade.

Será que tem que ser assim mesmo?

Claro que não.

A vida não precisa acontecer no mesmo ritmo da troca de mensagens de WhatsApp! Em vez disso, muitas vezes precisamos pensar e dar um tempo para analisar o decorrer dos fatos e das ações.

Dizer "não" nesses momentos e saber se posicionar é essencial para manter a saúde mental. Portanto, que tal seguir um manual de boas maneiras descomplicado e saudável das redes sociais?

➡ Separe a vida pessoal da profissional.
➡ Saiba impor um limite, pois se isso não acontecer você se sentirá obrigada a responder a mensagens no momento que as receber.
➡ Se possível, tenha um número só para assuntos profissionais e outro para pessoais.

- Saiba controlar a ansiedade e evite ficar olhando o celular o tempo todo. Se for preciso, desative as notificações ao menos em um período do dia.
- Se você é ansiosa e não sabe lidar com a demora do outro para responder a uma mensagem, pense em desativar as notificações de visualizações e de horários em que entra no WhatsApp. Isso a ajudará a não ficar se questionando se a pessoa não quis responder ou não gostou do que você disse.
- Use as mídias sociais a seu favor e nunca se esqueça do recurso apagar. Você pode apagar o que postou ou enviou, mas corre o risco de ter sido visto por alguém, de modo que o ideal é pensar e ter seu tempo para escrever e postar o que realmente quer e tem sentido.
- Por fim, o imediatismo da rede social não precisa ser aplicado na sua vida. Respeite-se e aja conforme o que lhe fizer bem.

Posicionar-se é uma das coisas mais libertadoras da vida, e muitas vezes é preciso dizer "não" para conseguir conviver em paz com o imediatismo da internet.

DICA 8
Respeite a si e aos demais

Como saber dizer "não" se você não sabe se respeitar ou respeitar as pessoas?

É preciso lembrar sempre que o respeito vem em primeiro lugar na vida de qualquer ser humano. E respeitar-se, muitas vezes, acaba sendo deixado em segundo plano, e aí caímos em um buraco sem fim que suga todas as dicas que foram dadas até aqui (e as que estão por vir também), pois sem respeito é impossível saber quais são os nossos limites e os limites do outro.

Como você vai se gostar se não se respeita? Como você vai ser grata se não se respeita? Como vai saber dizer "não"? Como vai saber quais são suas preocupações se não respeita o outro? Como irá saber quais são suas causas se não consegue se colocar com respeito no lugar do outro?

Resumindo, sem respeito não se chega a lugar nenhum. É preciso respeitar a todos; e se você anda meio em dúvida sobre o assunto:

- Procure estar sempre informada para não fazer declarações preconceituosas.
- Coloque-se no lugar do outro antes de julgar as atitudes e escolhas dele.
- Procure entender quais são as crenças do outro para poder se posicionar.
- Seja sincera e respeite as diferenças.
- Ninguém precisa pensar do mesmo modo para conviver em sociedade.
- Conversar é sempre o melhor caminho, mas cuidado com seu discurso, pois ele pode ferir os direitos e as crenças do outro.
- A verdade é relativa, tome cuidado.

Com respeito e amor é possível mudar o mundo.

DICA 9
Respire

Quantas vezes por dia você se lembra de respirar?

Eu estou me referindo à respiração consciente, ou seja, àquela respiração que decidimos realizar e não aquela que nosso corpo realiza e que nos mantém vivos.

Respirar quer dizer parar, dar um tempo para a mente e o corpo e, com isso, organizar os pensamentos, acalmar os ânimos e, sim, aumentar a oxigenação do cérebro.

Quimicamente, quando aumentamos a oxigenação do cérebro, tudo melhora: os batimentos cardíacos se acalmam, o que não está bom vai embora, os pensamentos parecem se adequar ao fluxo e, "magicamente", as ideias e angústias se alinham.

A respiração é essencial para nos manter vivas e na órbita de nós mesmas, por isso:

- ➡ Respire profundamente sempre que se lembrar. Se for preciso, coloque um lembrete no celular ou em algum lugar que seja visível (faça isso agora e veja como é maravilhoso).
- ➡ Quando ficar nervosa ou ansiosa, procure respirar quantas vezes forem necessárias. Você se acalmará quando conseguir controlar o ritmo da respiração.
- ➡ Antes de tomar decisões importantes, inspire e expire.

DICA 10
Primeiro as primeiras coisas

Isso mesmo: primeiro as primeiras coisas; em outras palavras, dê prioridade ao que merece prioridade e não saia por aí querendo resolver tudo ao mesmo tempo.

Muitas vezes desejamos que os dias tenham mais do que 24 horas para darmos conta de tudo. Mas isso seria mesmo necessário?

Será que as 24 horas do dia não são suficientes para nossos afazeres?

Se a resposta for "não", significa que há algo errado. Procure:

➡ Entender que o dia sempre terá 24 horas, e nesse período muitas coisas acontecerão (até as que não estavam previstas), e se você decidir que tem que fazer tudo, não conseguirá dar conta em um dia.
➡ Priorizar sempre o que realmente "vem primeiro".

3
Organização é tudo

Uma rotina bem planejada e organizada propicia segurança e praticidade.

H á quem torça o nariz para organização e acredite não ser capaz de manter uma vida organizada. Se você se encaixa nesse perfil, prepare-se para mudar de ideia, pois o que eu vou mostrar aqui transformará de vez esses pensamentos.

Para começar, pare de acreditar que organização não é para você. E esta também não é uma questão de escolha, como muitos acreditam ao afirmarem que "sabem se encontrar na própria bagunça". Não. A organização é um hábito que se desenvolve com o passar do tempo.

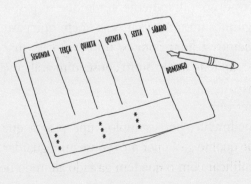

Algumas pessoas têm por si sós uma natureza mais organizada, algo relacionado à personalidade. Mas isso não significa que, se você não nasceu com a organização no DNA, sua vida não pode ser mais organizada. Organização é um hábito, e nossas ações levam um tempo para se tornarem hábitos, portanto, a princípio, o que precisa ser mudado é seu modo de agir e pensar.

Entenda também que organização e rotina não são a mesma coisa, diferentemente do que muita gente acredita. Para dizer a verdade, a correria do dia a dia só tende a diminuir quando conseguimos nos organizar nas áreas pessoal, doméstica e profissional. Afinal, não há nada mais tranquilizador do que saber o que está por vir ou onde determinado objeto pode ser encontrado.

No entanto, quando passamos a pensar dessa forma, corremos o risco de começar a agir como alguém que precisa ter o domínio de todas as coisas para se sentir bem e tranquila. Por isso, atenção: querer estar no controle de todas as situações está longe de ser igual a manter uma vida organizada. Você não precisa viver com essa pressão, pois a vida nem sempre segue o ritmo que gostaríamos.

Além disso, diferentemente do que se pensa, quando conseguimos nos organizar, seja lá em que parte da vida, aprendemos a lidar com os imprevistos e, mais do que isso, de um jeito ou de outro conseguimos alcançar nossos objetivos.

Quer ver?

Dificilmente, por exemplo, uma pessoa que não faz ideia de quanto gasta por mês conseguirá guardar dinheiro ou identificar com o que tem gastado além do necessário.

Em outros aspectos, quem tem as roupas espalhadas pela casa, não consegue dizer "não" no trabalho, não impõe limites nas atividades que realiza, não consegue ter horário para nada, não faz um planejamento e também acaba não conseguindo se encontrar e se sente sempre sem tempo pra nada, cansada e sem vontade de mudar o que está ao redor.

Para fugir dessas situações, algumas dicas nos ajudam a visualizar uma vida mais organizada sem que nos custe abrir mão do que gostamos de fazer.

Vamos descobrir o segredo das pessoas organizadas? Aliás, será que elas têm um segredo?

Dicas de 1 minuto para organizar e refrescar sua casa e sua vida

➡ Casa limpa nem sempre significa casa organizada.
➡ A organização é tudo em um lar, em um escritório, em qualquer espaço; ela facilita a limpeza, evita o estresse e contribui muito para um dia a dia mais feliz.
➡ É muito bom ter a certeza de onde se encontra o que temos de importante na vida pessoal e profissional.

Então...

➡ Arrume a desordem.
➡ Limpe sua mente.
➡ Seja mais feliz.

Estou animada por estar compartilhando com você centenas das minhas dicas favoritas de organização e limpeza, ideais para todos os dias.

Muitas dessas dicas visam economizar tempo, reduzir pilhas de lixo e ganhar espaço, ajudando a manter a casa mais organizada com menos esforço.

Afinal, há mais vida do que boas tarefas domésticas, e quanto antes você realizá-las, mais rápido poderá se divertir fazendo o que quer e gosta.

Muitas dicas podem ser lidas em segundos, e colocá-las em prática fará toda a diferença na sua organização.

Garanto a você que, se adotar algumas das minhas orientações, em breve desfrutará de um lar mais limpo e menos confuso, o qual trará mais felicidade para todos que moram com você.

Lembre-se: um lugar para cada coisa, cada coisa em seu lugar.

DICA 1

Procure sempre analisar o que se pode fazer de maneira diferente e inteligente para ter resultados melhores nas tarefas cotidianas.

DICA 2

Não existe mágica para você viver em um espaço limpo, organizado e mais feliz. Você é a mágica!

DICA 3

"Por onde começo a me organizar?" Você não precisa parar tudo para começar a se organizar, apenas tem que começar, não importa por onde.

Comece agora!
Sempre existe um local onde a bagunça é mais visível. Por exemplo:

- ➡ No chão.
- ➡ Na bancada, na mesa ou na escrivaninha.
- ➡ Em espaços internos, como armários.

Saiba que o resultado é imediato e muito agradável, nos dá a sensação de felicidade.

DICA 4

- Comece em um espaço pequeno e determine o tempo disponível para esse trabalho.
- Esvazie o local escolhido.
- Separe tudo por categoria, ou seja, o que deve ser mantido no local, o que será doado, o que será descartado e o que irá para manutenção ou conserto.

DICA 5

- Pense sempre no que mais te incomoda no dia a dia. Por exemplo: as chaves que você está sempre procurando? Coloque-as em um porta-chaves.
- Encontre soluções inteligentes e crie hábitos para facilitar a vida.
- Crie rotinas.

DICA 6

- Não perca o foco de trabalho na organização e na limpeza, para não se sentir cansada.
- Determine um tempo sem interrupções, como uns 15 ou 30 minutos.
- Tenha começo, meio e fim.
- Conclua o que se programou para fazer.

→ Pense sempre no benefício que a tarefa irá lhe proporcionar.

DICA 7

→ Cada coisa em seu lugar. Descarte, venda, doe, enfim, não fique com nada que não lhe interessa, que não tenha utilidade, que não tenha lugar próprio para guardar.
→ Casa organizada tem que ter cada coisa em seu lugar; isso é essencial para alcançar paz e felicidade.
→ Faça sempre as perguntas: "Isto é importante?"; "Devo guardar este objeto?".

DICA 8

- Evite a desordem, pois ela não serve para nada, ocupa apenas espaço valioso em sua casa, causa estresse desnecessário e trabalho extra.
- A desordem é um dos principais responsáveis quando você tem mais coisas do que cabe ou precisa no seu dia a dia.

DICA 9

Você pode, sim, aceitar a ajuda dos outros. Vamos parar de propagar a ideia de que temos de ser polivalentes e onipresentes em todas as situações? Esse modelo de vida já está mais do que ultrapassado e bem longe de ser saudável.

Mais uma vez, vou repetir aqui: não somos super-heroínas! E, por sermos humanas, saber pedir ajuda e poder contar com o apoio das pessoas é mais do que necessário para manter uma vida organizada e leve.

- Não se culpe nem se julgue, e nunca deixe de contar com o apoio dos outros.
- Contar com o apoio das pessoas é saudável e nos mantém em contato com aqueles que se sentem bem em nos ajudar, como amigos e família.
- Dividir não é sinônimo de fraqueza, mas sim de inteligência, afinal, quanto mais diluídas forem as

responsabilidades, mais tempo livre temos para nós mesmas.

DICA 10

Aprenda a dividir as responsabilidades tanto em casa quanto no trabalho, não importa o que seja; dividir é essencial para que você consiga alcançar uma vida mais organizada.

Se contar com a ajuda do outro é uma questão importante, saber dividir as responsabilidades é a cereja do bolo da saúde mental. Pare de acreditar que só você é capaz de arrumar a casa, de higienizar o armário de modo que ele fique bem limpo e organizado, que só você pode cuidar dos assuntos financeiros da família, que a decisão da viagem das próximas férias é tarefa sua, que seu filho só consegue estudar se você estiver junto. Apenas pare.

Sim, você é maravilhosa e essencial na vida das pessoas, mas elas são tão maravilhosas e capazes quanto você.

- ➡ Ganhe tempo compartilhando as funções com as pessoas que vivem ou trabalham com você.
- ➡ Aprenda a dividir as responsabilidades, pois isso, além de aumentar o tempo que você dedica a si mesma, ajuda as pessoas a se desenvolverem e a se sentirem mais capazes e fortes.

DICA 11

Organize sua semana.

Sabe aquela máxima "não deixe para amanhã o que pode ser feito hoje"? Muitas vezes nos guiamos por esse pensamento e, na verdade, a vida do imediatismo que acabamos adotando exige de nós muito mais do que agilidade, pois requer que estejamos sempre disponíveis e prontas para agir.

E já sabemos que viver dessa maneira não é a melhor escolha, por isso impor limites é essencial para se manter sã.

- Antes de começar a semana, planeje o que pretende realizar.
- Coloque no papel, anote no celular, grave um áudio... não importa o formato escolhido para registrar o que será feito em cada dia; o importante é montar sua agenda.
- Quem impõe o limite é você. Defina quais são seus limites, pois só assim você conseguirá entender quando e por que deve abrir exceções.
- Planejamentos nem sempre são cumpridos, mas saber lidar com os imprevistos e os planos B é o que otimiza o tempo. Isso não quer dizer que você precisa sempre pensar em um plano B, mas sim que deve aprender a trabalhar com flexibilidade.

Quando planejamos a semana, de certo modo organizamos a mente e estabelecemos prioridades, e aos poucos vamos nos identificando com esse modelo de vida e encontramos tempo nas 24 horas que antes pareciam insuficientes.

A magia acontece quando começamos a planejar o que será feito na semana, no mês e nos próximos anos.

A vida vai tomando forma e tendo sentido na nossa realidade, e é isso que importa, pois organização é individual e só diz respeito a quem a vive e a realiza.

DICA 12

➡ Antes de ir ao supermercado, consulte sua despensa e só compre o que realmente precisa.

- Não se esqueça de que alimentos têm validade.
- Não vá com fome, assim conseguirá resistir às famosas guloseimas.
- Se estiver sem tempo, ou mesmo se já é consumidora de marcas e produtos básicos, utilize os aplicativos – são fáceis e práticos, e você adquirirá o que realmente precisa.

DICA 13

"Céus, minhas coisas não cabem no meu armário."

Com certeza você tem objetos e roupas que foram se acumulando ao longo do tempo – por apego ou por você achar que um dia seriam úteis –, só que o tempo passou e hoje você não tem espaço para guardá-los.

Então vamos lá, mãos à obra!

- Determine as funções de cada local da casa.
- Tudo o que você achar importante deverá ficar em local próprio, e o que não couber deve ser doado, vendido ou eliminado, senão a bagunça será muito presente no dia a dia.
- Lembre-se de que "menos é mais", e assim você usará tudo o que realmente for importante guardar.

DICA 14

Metas alcançáveis, planejamento feliz.

Colocar os pés no chão na hora de planejar o futuro é um dos principais ingredientes para nos sentirmos nas nuvens ao realizar sonhos.

Nada de esperar o ano-novo para planejá-lo e traçar metas.

Você pode começar a se planejar quando se sentir bem, e isso independe do período do ano em que estamos.

Lembre-se:

- ➡ Seja gentil com você e estabeleça metas que pode alcançar.
- ➡ Divida sua lista em períodos, isto é, defina prazos para suas metas e, se possível, defina as metas intermediárias antes de chegar ao objetivo final.
- ➡ Quantidade nem sempre é qualidade, e muitas vezes a motivação que nos falta está relacionada ao excesso de cobrança que depositamos em nós mesmas.
- ➡ Mais vale conseguir alcançar duas ou três metas do que se frustrar por não conseguir realizar várias delas.
- ➡ A sensação de alcançar uma meta ou realizar um sonho é combustível para a mente; continue trabalhando para realizar cada vez mais sonhos e planos.

➡ Procure se conhecer melhor. Como vimos no primeiro capítulo, isso é essencial para saber realmente aonde se quer chegar.

DICA 15

Tempo livre, para que te quero?

➡ Reserve horas para pensar somente em você, em sua saúde, sua vaidade, seu lazer, seu hobby e seu descanso.

4

Ser mais chique sem sofrer

*Elegância é mais uma questão de
personalidade do que de roupas.*
Jean-Paul Gaultier

Você sabe o que é estar na moda? Esta é uma pergunta para a qual as respostas variam de várias maneiras: ou a pessoa discursa por horas e horas sobre a moda e sobre tudo o que ela entende que é estar na moda, ou simplesmente rejeita a moda e diz que nunca se guia por ela. Bem, cá entre nós, nenhuma dessas reações pode ser tida como certa ou errada, afinal de contas, se de um lado ninguém é capaz de fugir da moda, de outro, ninguém também é capaz de afirmar categoricamente o que é moda.

A moda, assim como o ato de ser chique, faz parte de nossa vida, rotina e de nossas escolhas pessoais. Toda escolha é uma questão de moda, e isso vale para o que você veste, calça, seu corte de cabelo, sua bolsa e o modo como você lida com sua casa, com a decoração de seu lar. Se é verdade que seu corpo é sua casa, sua casa é o espelho de seu corpo em ação, sua alma exposta para quem chega.

Assim, saber um pouco mais sobre moda e as variadas maneiras de "vestir" sua casa pode definir melhor seu estilo, seus gostos e suas e (por que não?), ampliar seu conhecimento e contribuir na hora de você arrumar a mesa ou se vestir para receber amigos, por exemplo. Conhecimento nunca é demais, e quando se trata de algo que melhore nossa relação com nosso corpo-casa e nossa casa-lar, tudo é bem-vindo e recebido com alegria.

Este capítulo é, portanto, um convite para que você repense as escolhas que faz para se vestir, se maquiar, cortar os cabelos, se arrumar para ocasiões especiais e, mais do que isso, para que aprenda a preparar momentos especiais sendo chique e confiante. Vamos ao que interessa?

DICA 1
Ser chique é ser você

- Vamos parar de querer ser o outro ou de achar que sua vida não é interessante? Lembra-se daquele papo do primeiro capítulo? Amor-próprio e autoconfiança nunca estiveram tão em alta – amém por isso! –, e já passou da hora de você confiar em si mesma e botar esse mulherão que é para conhecer o mundo. Confie no seu potencial e comece a ser quem você sempre quis.
- Tendo segurança em si mesma, minha querida, qualquer roupa fica linda, o batom dá um toque especial ao look e todo sapato se transforma em um acessório fatal!
- Acredite mais em você e no seu potencial e então comece a apreciar as dicas mais práticas que vêm a seguir.

DICA 2
Menos é mais

- Na dúvida, sempre prefira menos.
- Isso vale para tudo: roupa, bolsa, sapato, mesa posta, cabelo, decoração da sala ou da cozinha, decoração do quarto. Enfim, menos é mais e nunca falha.

➡ Isso não quer dizer, no entanto, que você não pode ousar ou ser criativa. Em vez disso, você sempre pode e deve usar e abusar de sua criatividade, mas mantenha a antena ligada no bom senso e escolha o que for menos para não pecar pelo excesso de informação ou mistura de escolhas, o que pode passar uma mensagem equivocada.

DICA 3
Conheça-se melhor

➡ Como você pretende ser chique se não se permite saber quem é você?
➡ Ponha na sua cabeça uma coisa e não se esqueça jamais: a gente só consegue ser chique – ou mais

chique – sabendo realmente quem somos. Isso acontece porque saber quem você é, do que você gosta, do que você não gosta, saber em quais áreas você se permite ousar e em quais pontos você prefere ser mais conservador é que faz você descobrir seu estilo e sua personalidade.

➡ E aí, ao descobrir sua personalidade, prepare-se, pois as portas da criatividade, das escolhas e das decisões estarão abertas, e você conseguirá ser chique e ser você ao mesmo tempo. Seu estilo será definido por quem você é, e não por outras pessoas ou pela mídia.

DICA 4
Você não precisa ser a mesma pessoa ao longo de toda a vida

➡ Mudar faz bem! Não tenha medo de mudar e de trocar a versão de você que circula por aí. Nunca perca sua essência, mas se permita evoluir e ser quem você quiser com o passar do tempo, das estações ou dos anos. Você pode ser quem quiser!
➡ Cada momento da vida requer uma análise de estilo.
➡ A maneira de se vestir está diretamente relacionada a se sentir bem, e principalmente a se apresentar de acordo com seu estilo e sua personalidade.

DICA 5
Você vale mais do que qualquer tendência

➡ Siga seu estilo e dê menos importância a tendências ou modismos.

DICA 6
Para que exagerar?

Fuja de excessos, como:

➡ Muito fofo.
➡ Muito curto.
➡ Muito babado.
➡ Muito colorido.

Tudo que é muito é exagerado. A menos que sua ideia seja ser realmente exagerada, opte por menos.
Fuja sempre do "muito"!

DICA 7
Hora da limpeza!

➡ Faça periodicamente uma faxina em todas as suas coisas.
➡ Comece pelo guarda-roupa. Escolha um momento e experimente todas as roupas em frente a um

espelho. Seja criteriosa. Retire tudo que nunca usou, tudo que não dialoga mais com seu momento de vida, ou não combina mais com seu estilo, ou está muito grande ou pequeno.

DICA 8
Valorize a mulher que você é

Pra que se esconder atrás das roupas? Você é linda e nunca permita que te digam o contrário! Por isso:

➡ Pare de achar que você precisa se esconder do mundo, das pessoas ou dos olhares invejosos.

- Use apenas as peças de roupas que te valorizem e mostrem quem você realmente é.
- Só use roupas que te deixem divina!

DICA 9
Saiba se adequar às situações da vida

- Vestir-se com elegância é preservar seu estilo a cada momento, até mesmo em situações cotidianas, como ir ao supermercado. Isso significa que você pode ser você sempre, mas é preciso estar atenta às situações do dia a dia. Por exemplo, não há necessidade de se vestir com um look de festa para ir ao supermercado, nem de deixar de caprichar na produção para ir a uma festa.
- Ser chique é saber ser você e se adequar às exigências dos inúmeros eventos que aparecem no dia a dia.
- Seja chique sempre!

DICA 10
Investir nas peças certas é investir em você mesma

- Renove suas roupas por estação do ano.
- Compre peças "coringas" (básicas).
- Evite cair em tentação e aproveitar ofertas de peças que nunca vai usar.
- Aposte mais nas peças complementares.

➡ Vá às compras sozinha e com tempo e, se possível, pela manhã, sem estar de barriga cheia e usando roupa confortável.
➡ Compre roupas para uso imediato, nunca pense em comprá-las contando com um futuro regime.

DICA 11
Quem cuida sempre tem

Se você é cuidadosa com suas roupas, seus objetos e acessórios, pode até mesmo se permitir investir em artigos mais caros, pois sabe que, ao cuidar bem deles, os terá para sempre.

- Cuide corretamente das roupas.
- Pendure-as sempre em cabides próprios para cada tipo de peça.
- Utilize cabides com presilhas.
- Pendure as calças pelas barras – você terá mais espaço no armário.
- Dobre os jeans, as camisetas, as malhas, as roupas de ginástica e as lingeries.

DICA 12
Nem tudo que é mais caro é melhor

Na hora de comprar roupas, tenha em mente que as peças podem ser divididas em dois segmentos:

- *Roupas "coringa"*: aquelas que sempre devem existir no armário. Em geral, são peças mais básicas e que nos salvam em situações imprevistas. Por exemplo: um vestido preto básico, uma camisa social branca, um jeans atemporal. Ou seja, peças que nunca saem de moda. Esses itens podem ganhar um pouco mais de investimento, já que nunca deixarão de estar na moda, sempre podendo ser usados, e compõem um look chique.
- *Roupas da moda*: aquelas que são lançadas em determinado período, mas não permanecem sendo usadas por muito tempo. Em geral, são itens diferentes, com cortes mais arrojados, cores mais fortes

e estampas mais ousadas. Sabe aquela peça que, de uma hora para outra, todo mundo começa a usar? Então, essa é a peça da moda. E, para ela, você não precisa investir toda a sua grana, já que dificilmente vai usá-la na estação seguinte.

Por isso:

- ➡ Saiba transitar entre as lojas de grandes marcas e as de departamento, investindo seu dinheiro de maneira inteligente, mantendo-se chique, na moda e um pouco mais rica – sobre finanças, falaremos daqui a pouco. Aguenta aí.
- ➡ Visite lojas de departamento. Elas contam com assessoria de designers e têm produtos e valores interessantes.

DICA 13
Conforto também é chique

- ➡ O segredo para saber qual é o seu estilo é sentir-se bem com o que está vestindo, conhecer seu corpo, sua vida pessoal, profissional e as exigências que elas trazem. Só assim você poderá escolher a roupa perfeita, que te deixará feliz e segura.

DICA 14
Acessórios

➡ Não se esqueça dos acessórios quando for montar o look, eles fazem toda a diferença no visual.

DICA 15
Echarpe

➡ A echarpe sempre dá um toque de elegância, por exemplo, usada por dentro de uma jaqueta aberta, com as pontas pendentes.

DICA 16
Cuidar da aparência é bom, e tá tudo bem!

Felizmente o tempo passa muito rápido, isso significa que estamos vivos e é o que importa. Porém é normal precisarmos de alguns truques para reverter os sinais do envelhecimento. Parecer mais jovem é muito bom e faz muito bem, se é o que você deseja. Temos alguns aliados fundamentais para isso, como a água.

➡ Beba muita água todos os dias, ela ajuda a controlar o apetite, a metabolizar a gordura, mantém o corpo e a pele hidratados, com um visual mais jovem e saudável.

DICA 17
Use filtro solar

- Não deixe de usar protetor solar todos os dias, mesmo em dias sem sol.
- Use e abuse dos protetores solares com cor, pois, além de protegerem, uniformizam a pele do rosto.
- Visite as lojas especializadas, contate uma consultora e escolha o tipo e a cor correta para seu rosto.
- Hoje existe protetor solar em pó, que facilita muito a aplicação e até mesmo o transporte dele na bolsa.
- Use também protetor solar nas mãos, assim você evitará manchas no futuro.

DICA 18
Maquiagem

- Use a maquiagem correta para cada momento e ocasião.
- Chique é usar maquiagem sem parecer que está usando.
- Evite excessos.

Está atrasada?
Surgiu um compromisso imediato?
Então...

➧ No dia a dia use um protetor com cor, batom, máscara para cílios, um belo sorriso, uma grande dose de humor e alegria e você estará maravilhosa.

DICA 19
Elegância à francesa

➧ Tenha sempre óculos de sol na bolsa. No inverno ou no verão, eles são os melhores disfarces para olhos cansados, inchados e as temidas olheiras. São úteis até mesmo para aquele dia que você deu folga para uma maquiagem mais completa.

DICA 20
Bolsas

- Evite usar sempre a mesma bolsa, aquela pretinha, atulhada de coisas – tirar tudo de dentro para encontrar o que precisa é deselegante.
- Você já usou ou conhece o organizador de bolsas? Além de separar os itens necessários, facilita muito a troca de bolsa. Chega de esconde-esconde!
- Para uso social e à noite, aposte em bolsas menores, como *clutches*, e leve somente o necessário.

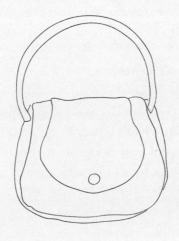

- Invista em bolsas bonitas e de qualidade. Bolsas, malas, mochilas! Elas sempre são bem-vindas e podem ser o acessório "coringa" na hora de compor o look. Por isso, sempre que puder e sobrar uma graninha, escolha uma bolsa que seja a sua cara e presenteie-se.
- Se a bolsa estiver na moda, automaticamente todo o look ficará mais moderno. E quando for descartar bolsas de grifes, procure brechós especializados.

DICA 21
Sapatos

Nada melhor do que investir em sapatos novos. Assim...

- Dê sempre muita atenção ao conforto dos calçados.
- Se você acabou de comprar um sapato, cuidado com as solas escorregadias, pois já deve ter presenciado profissionais de passarela em situações desagradáveis.

Aqui vai uma dica extra...

- Risque com uma faca ou esfregue metade de uma batata crua na sola para evitar escorregar ou levar aquele tombão deselegante na frente de gente importante, porque todas nós sabemos que só caímos na frente de quem é importante.

DICA 22
Filantropia

- Chique é ser do bem. Às vezes um pequeno gesto significa muito para o outro. Não economize em gentilezas, sorrisos, carinho e amor.

DICA 23
Ser chique à mesa

O cardápio é muito importante, porém tudo começa com o visual. Você já deve ter ouvido a famosa frase: "Come-se primeiramente com os olhos".

Uma mesa arrumada corretamente é, muitas vezes, mais representativa do que o cardápio propriamente dito.

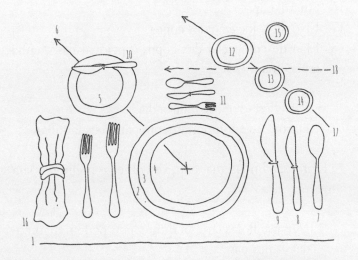

1. Borda da mesa
2. *Sousplat* (opcional)
3. Prato de serviço
4. Prato de entrada/salada
5. Prato de pão
6. Eixo de colocação do prato de pão

7. Colher para entrada ou sopa (se servida)
8. Garfo e faca de entrada ou primeiro prato
9. Garfo e faca de prato principal
10. Faca de manteiga
11. Talheres de sobremesa (a faca é colocada caso sirvam-se frutas)
12. Copo/taça de água (sempre o maior)
13. Taça de vinho tinto
14. Taça de vinho branco
15. Taça de champanhe ou espumante
16. Guardanapo
17. Eixo de colocação dos copos
18. Eixo de colocação dos copos (opcional caso tenha espaço na mesa)

➡ Faça desta regra seu dia a dia.
➡ Ensine este comportamento para seus familiares.

Flores são lindas, mas como escolher as melhores para a mesa?

➡ Não use flores com perfume, pois podem incomodar as pessoas.
➡ Se a ideia for conversar com quem está à mesa, basta escolher as hastes mais baixas na hora de montar os arranjos. Mas, se a ideia for não conversar, abuse das hastes altas.

Curiosidade sobre as cores dos arranjos:

- Vermelho = energia.
- Laranja = otimismo e alegria.
- Rosa = suavidade.
- Verde = harmonia.
- Branco = paz.

DICA 24
Siga algumas regras de boas maneiras

- Se você chegar a um evento e as pessoas estiverem sentadas à mesa comendo, evite o contato físico.
- Nunca jogue beijinhos ao vento.
- Use uma saudação geral e à distância, com um belo sorriso.

DICA 25
"Prazer, tudo bem?"

O mundo evoluiu, mas na hora de cumprimentar alguém sempre fica a dúvida sobre o quão formal é a pessoa, não é mesmo? Como se apresentar? Como se referir a ela? Pois, na dúvida:

- Use menções mais modernas ao ser apresentada a alguém.
- Evite falar "muito prazer", é mais chique dizer "como vai", "boa noite".

- Apresente-se da seguinte maneira: "Olá, como vai? Sou a…".
- A primeira impressão é muito representativa.

DICA 26
Gestos de carinho fazem a diferença

- Em datas importantes, como nascimentos, aniversários, casamentos, formaturas e datas fúnebres, sempre que possível se faça presente, nem que seja através de um mimo ou uma mensagem.
- É mais elegante e chique surpreender as pessoas, isso faz toda a diferença.

DICA 27
Eventos e recepções

- Confirme sua presença se você realmente for estar presente.
- Respeite o horário impresso no convite.

DICA 28
Segredinhos para receber bem em casa

- Prepare o espaço com muito carinho.
- Programe o que será servido.

- Gele as bebidas com antecedência.
- Fique pronta e maravilhosa trinta minutos antes do horário de chegada dos convidados.
- Sorria sempre, aproveite a festa e curta todos os momentos, pois a recepção é sua.
- Não permita que os assuntos dos convidados caminhem para temas mais polêmicos.
- Tenha sempre uma lista de fornecedores diferenciados, como: rotisseries, garçons, bolos e doces, floriculturas, auxiliares etc.

Esqueceu-se de gelar as bebidas?

- Colocar álcool, sal e gelo no cooler ajuda a acelerar o processo.

DICA 29
Ser chique é muito fácil

Basta querer. Seja:

- Agradável e especial.
- Educada e gentil.
- Criativa.
- Simpática.
- Fantástica.
- Feliz.

Tudo isso faz a diferença em todos os momentos. Agrega muito em seu marketing pessoal e na escolha de pessoas a seu redor, seja na área profissional, seja na pessoal.

DICA 30
Descubra qual é o seu estilo

➡ Ser chique não significa ter roupas caras, e sim saber compor seu estilo. Portanto, escolha o que gosta de usar – o mais importante é se sentir bem usando a roupa.

DICA 31
Quebre regras!

➡ Não seja vítima da moda, sinta-se à vontade se quiser usar seu jeans surrado com uma camisa de seda.

DICA 32
Crie um equilíbrio entre as peças

➡ Se as peças da parte inferior do corpo (calça, saia…) são largas ou amplas, opte por peças justas para a parte superior (camisa, blusa, camiseta…).

DICA 33
Preto nada básico

➡ Use e abuse dos looks pretinhos, eles são peças-chave em qualquer guarda-roupa.

DICA 34
Jeans não pode faltar!

➡ O melhor jeans é aquele que veste bem e, como o "sal na cozinha", vai bem com quase tudo e não pode faltar no guarda-roupa.

➡ Jeans com peças clássicas deixam o look moderno. Jeans + blazer + sandálias de salto alto ficam muito elegantes. Pense nisso, você com certeza ficará com um visual de celebridade.

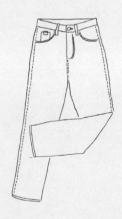

5
Por uma vida mais saudável, mas sem neura!

A busca por uma vida mais saudável tem sido cada vez mais uma prioridade no dia a dia das pessoas. Ainda bem que tem sido assim! No entanto, muitas vezes o desejo de ser mais leve e viver com mais saúde passa um pouco dos limites, e então deixa de ser saudável e se torna uma neurose infinita e cheia de culpa.

Como então encontrar uma vida mais saudável sem perder a linha? E, mais do que isso, sem se tornar o chato que acredita que somente suas escolhas são corretas? Será que todo mundo tem mesmo que fazer exercício todo dia? Será que as pessoas têm mesmo que ter o corpo "perfeito"? Ou melhor, será que um corpo "perfeito" é mesmo saudável? E as dietas, quais são as corretas? O que é alimentação saudável?

A lista de perguntas é infinita e parece que, quanto mais pesquisamos sobre o assunto, mais dúvidas aparecem. E a resposta para essas e muitas outras perguntas está na busca por informações e, claro, por equilíbrio também.

Se você já teve seus momentos de busca por uma vida mais saudável e acabou se deparando com alguma dessas questões, este é mesmo seu lugar, pois este capítulo tem como objetivo esclarecer suas dúvidas e, assim, levá-la a uma vida cheia de saúde de verdade, sem cair na armadilha de alguns discursos que pregam o estilo de vida saudável, mas que nos levam a ter neuras que antes não faziam parte da nossa rotina.

Hoje em dia ser saudável de verdade é um desafio, já que corremos o risco de cair em discursos que fazem exatamente o contrário, nos levando a uma vida em que a saúde é apenas uma maquiagem, pois no fundo passamos a ser menos saudáveis do que quando não nos preocupávamos com algumas questões. É o que acontece, por exemplo, quando passamos a odiar nosso corpo e a acreditar que a comida que ingerimos é cheia de calorias e já vem pronta para nos engordar.

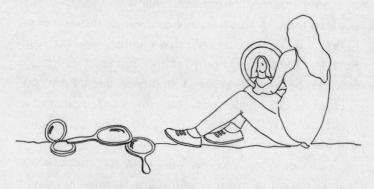

Para evitar essas ciladas, preparei um conteúdo cheio de informações importantes sobre dieta, exercícios, estilo de vida e alimentação fora de casa. Tudo para ter uma vida saudável, sem neura nem frescura.

Antes de começar a falar sobre isso, vamos combinar uma coisa? A partir de agora você vai passar a encarar a vida de maneira mais leve, principalmente quando se olhar no espelho. Você já parou para pensar em quantas vezes se maltratou ao ver sua imagem refletida no espelho? Quantas vezes se sentiu culpada por exigir demais de você? Por que isso? Vamos parar de brigar com o que vemos no espelho, porque você é uma vencedora, é linda e é capaz de ser quem você é.

Com isso em mente, vamos à parte prática!

DICA 1
Como escolher a atividade física ideal?

Listar uma série de atividades físicas aqui não é a ideia nem o caminho, ainda mais se levarmos em consideração que a cada dia uma nova modalidade esportiva entra na moda e cai no gosto das pessoas, e aí essa passa a ser a atividade ideal, todo mundo começa a praticá-la e a indicá-la a todos.

Atividade física faz bem, sim. É uma questão científica e quimicamente comprovada: mexer o corpo libera uma série de hormônios e substâncias químicas na corrente sanguínea e a sensação de bem-estar é instantânea. Então eu sempre serei a primeira a defender uma bela atividade física!

O que eu acho perigoso são os exercícios da moda. Se pensarmos em correr atrás de cada exercício novo que aparece e que promete o corpo ideal, as mil e uma calorias queimadas, não vamos conseguir focar no que nos faz bem. E, muito mais do que isso, vamos começar a sentir o contrário do que a atividade física nos proporciona, ou seja, nos tornaremos pessoas ansiosas, infelizes com o corpo, e teremos sempre a sensação de nunca conseguir fazer o melhor.

Eu, definitivamente, não quero isso para mim nem para você. E jamais encararei o exercício dessa forma. Por isso sou daquelas que defendem a atividade física que faz bem para você, não importa qual seja. Se você é da corrida, corra. Se é da natação, nade. Se é do pilates, pratique-o. Se você é do *body combat*, que faça o *body combat*. Mas jamais deixe a moda e a "necessidade" de buscar um corpo perfeito tomarem conta do seu momento de se movimentar e aliviar a mente.

Para isso:

- ➡ Escolha uma atividade física que lhe faça bem e da qual você goste.
- ➡ Encontre o horário ideal para fazer os exercícios e não se prenda às regras das pessoas.
- ➡ Seja você a sua maior motivação e busque seus objetivos, e não os dos outros.
- ➡ Você já é linda e o exercício físico te faz bem e te torna ainda mais linda, e não o contrário.
- ➡ Foque no hoje e não nas próximas estações do ano, elas vão chegar de qualquer forma e o corpo que você já tem é ideal para todas elas.

O único objetivo de colocar o corpinho para se mexer é sentir-se bem e, por isso, repito: pare de se culpar e de brigar com a imagem que você vê no espelho. Você é linda e pode ficar ainda mais se fizer as pazes com seu reflexo. Acredite, aliar pensamento positivo ao exercício físico pode te levar a alcançar o maior bem-estar do mundo. Mexa-se. Ame-se.

DICA 2
Como não deixar de se exercitar?

Se tem uma coisa que impede as pessoas de se exercitarem é a falta de constância na prática de atividade física, seja qual for o exercício. A verdade é que o corpo leva um tempo até se acostumar com a carga de energia que deve liberar a cada estímulo físico a que é exposto e, naturalmente, essa demora causa dor, preguiça, medo e até mesmo impaciência.

É óbvio que a mente vai trabalhar contra a nossa vontade de praticar uma atividade física, pois o cérebro sempre vai agir em nossa defesa, e qual é o sentido de estimular uma ação que nos causa dor? Qual é o sentido de nos incentivar a acordar cedo para correr e passar frio e ainda ficar cansado e morto de fome? Para a nossa mente, nunca faz sentido até que o corpo se acostume e deixe de sentir dor, medo e vontade de não se mexer.

Então, quando é que começamos a gostar de fazer exercício físico?

Eis uma pergunta difícil de responder. O corpo só passa a gostar do exercício físico com o passar do tempo e com a frequência das atividades, do contrário, nossa mente nunca vai nos deixar chegar ao ponto de gostar do prazer liberado pelo esporte. Por esse motivo, sugiro alguns passos para que você consiga se exercitar:

- ➡ Insistir; não desistir quando sentir dor ou sentir-se cansada.
- ➡ Ter paciência.
- ➡ Manter a rotina de exercícios.
- ➡ Ter um horário para fazer a atividade física e encará-la como um compromisso.
- ➡ Praticar a atividade da qual gosta.

Ouça bem: no começo de qualquer atividade física, você sentirá dor e terá vontade de desistir. Só a sua persistência e força de vontade é que farão com que você não desista do objetivo de se mexer e de se tornar mais saudável. Por isso, nunca desista de você. Nunca mesmo.

DICA 3
O corpo perfeito existe?

Se eu não falasse de corpo aqui, talvez me acusassem de maluca ou desinformada, pois a atividade física está tão ligada à estética que, para muita gente, uma coisa não pode ser independente da outra.

Mas será que é mesmo assim?

Eu acredito que não. Na verdade, para mim, estética e exercício estão, sim, relacionados, mas jamais devem ser vistos como uma única coisa ou como inseparáveis, pois dessa forma tornamos a busca pelo corpo perfeito o único objetivo e benefício da prática da atividade física. E nós sabemos que as coisas não são bem assim, não é mesmo? Afinal de contas, os benefícios do esporte vão muito além da estética.

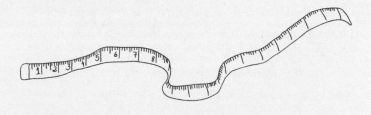

Então pare de achar que você precisa malhar para alcançar um corpo perfeito ou entrar em uma roupa que já não serve mais. Pare de achar que você precisa mudar alguma coisa em seu corpo para que ele chegue perto da perfeição. Pare de acreditar no que a mídia diz sobre o "corpo do verão". Pare de achar que você está fora do padrão. Apenas pare de brigar consigo mesma.

O corpo perfeito existe, sim, e você já o tem, sem mudar coisa alguma.

DICA 4
Dietas são milagrosas?

Você já ouviu o ditado "quando a esmola é demais, o santo desconfia"?

Se já ouviu, imagino que tenha entendido por que eu quis começar esta dica com esse ditado, não é? Se não, vamos ao que interessa: a verdade.

A dieta da lua, a dieta do sol, a dieta do verão inabalável, a dieta da pedra, a dieta dos dez dias, a dieta dos santos... Não importa o nome, se cada uma dessas dietas cumprisse o que promete, as revistas femininas já teriam deixado de vender há muito tempo. É claro que entre tantas opções deve haver alguma que realmente funcione, mas eu sinceramente não tenho tempo nem disposição para descobrir qual.

E se você pretende melhorar sua saúde e a relação que tem com a alimentação, certamente também está sem tempo para tentar comprovar a eficácia dessas dietas milagrosas. Então, mais uma vez, vou repetir: pare de procurar o caminho mais curto e comece a pensar em algo mais duradouro e melhor para sua saúde física e mental. E no que se refere à alimentação e à relação com a comida, somente um profissional pode te orientar a encontrar a dieta correta, segura e eficaz (milagrosa) para você.

Entenda: você é única e, por isso, merece uma dieta exclusiva para você, seu corpo e as necessidades e carências dele. Não acredite nos milagres que vêm de fora sem aconselhamento médico por trás.

DICA 5
Eu realmente sou o que como?

Quanto mais o tempo passa, mais sentido essa frase parece ter. Nós somos, inevitavelmente, resultado de nossas escolhas e, claro, isso se refere à alimentação também. O que não quer dizer, no entanto, que tudo o que acontece com seu corpo e sua mente é consequência de algo que você tenha conscientemente escolhido fazer.

Não, claro que não. Assim como tudo na vida, o corpo e a mente não funcionam somente da maneira como desejamos ou escolhemos. Muita coisa está fora de nosso controle, e problemas relacionados à saúde estão incluídos nessa lista de itens que não conseguimos controlar.

Mais uma vez a saída para tentar driblar essa situação é cuidar de si mesma o máximo que conseguir. Quando você se cuida, é como se antecipasse os problemas que podem eventualmente aparecer e, assim, consegue controlá-los antes de se tornarem um problema ainda maior.

Logo, somos aquilo que comemos. Se seguimos uma alimentação balanceada e alinhamos a ela uma mente também saudável e que se mantém leve e sem sobrecarga, nosso corpo será o reflexo disso e se manterá saudável. Porém, se tivermos uma mente que não está alinhada àquilo que comemos, mesmo comendo corretamente, podemos não ter os melhores resultados de saúde que esperamos. Resumindo, corpo e mente devem andar juntos para nos mantermos sempre saudáveis e, claro, a estética nunca deve ser vista como um fator de saúde, principalmente se ela está relacionada aos padrões cada vez mais exigentes estabelecidos pela moda e pelos meios de comunicação.

Exercite sua mente para que ela acredite em você e a ajude a fazer sempre as melhores escolhas para seu corpo, e consequentemente para sua saúde.

DICA 6
Eu posso sair da dieta?

Sempre que sentir vontade.

Não há nada mais chato e mais ineficaz do que uma dieta rígida e difícil de ser seguida. Isso, claro, se essa dieta não for referente a algum grupo de alimentos que efetivamente prejudique sua saúde.

Por exemplo, por qual motivo passamos a declarar guerra ao glúten e à lactose? Por que esses alimentos se tornaram inimigos de boa parte da população mundial? Eu, sinceramente, não sei a resposta, mas posso afirmar que se você não foi diagnosticada com intolerância ou alergia a esses grupos de alimentos, você pode sim comê-los sem culpa nenhuma.

É claro que eu não quero ser a pessoa que a faz sair da dieta que uma nutricionista recomendou, mas quero ser quem a faz refletir sobre o que você está comendo e, ao mesmo tempo, como está comendo. Eu sou sempre a favor das escolhas mais saudáveis para a alimentação, mas acredito que um equilíbrio faz bem para todo mundo. Afinal, que problema tem em abrir exceção na dieta quando você sair com as amigas para jantar? Ou quando sua mãe fizer aquela comida que você tanto ama? Ou ainda quando ganhar um docinho de presente de alguém especial?

A vida é muito curta para não nos permitirmos burlar algumas regras, e as dietas entram nessa questão. Nossa alimentação, como disse na dica anterior, é o reflexo daquilo que somos e será também o reflexo de nossos momentos de liberdade e flexibilidade na dieta.

DICA 7
Ser saudável sem cair na rotina

Aquela velha ideia de que só se é saudável se passamos a vida inteira comendo apenas alface já saiu de moda faz tempo, mas como encarar uma vida saudável sem cair nessa armadilha?

Ser saudável não é sobre perder peso, é sobre ganhar vida.

Este é o sonho de qualquer ser humano atualmente.

Ter uma vida saudável significa estar bem consigo mesma, tomar decisões pessoais, querer buscar planejamento, determinação, mudanças de hábitos e, principalmente, de comportamento e alimentação. Busque ter sempre:

➡ Bom sono.
➡ Boa alimentação.
➡ Bons momentos de lazer e trabalho.

DICA 8
Como me alimentar para ser mais saudável

Coma tudo o que mais gosta, dando sempre preferência para alimentos que descascamos. Sabe aquela regra: "melhor descascar mais e desembalar menos"? Quanto mais naturais forem os produtos, melhor. Afinal de contas, os alimentos não processados contêm menos aditivos químicos e conservantes e, consequentemente, fazem bem à saúde.

Uma excelente opção é comer verduras, legumes, frutas e alimentos que contêm vitaminas, minerais, fibras, proteínas e carboidratos.

DICA 9
Quanto devo consumir em cada refeição?

Consuma o que te apetecer dentro desta escala, e divida o prato tradicional de refeições em quatro partes:

➡ Três partes para folhas, legumes e frutas.
➡ Uma parte para proteínas e carboidratos.

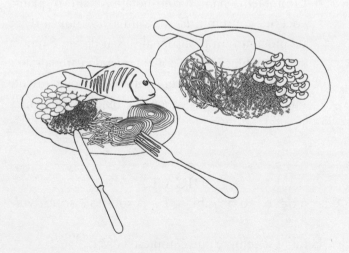

DICA 10
Deixar de comer carboidrato é ser mais saudável?

Simplesmente riscar esse nutriente do cardápio diário não faz bem ao organismo, pois ele é o principal fornecedor de energia, e podemos até falar que é o responsável por ficarmos mais felizes. Quando seu consumo diminui, ele passa a utilizar a gordura como fonte.

Você pode diminuir o consumo de carboidrato, mas deve ter acompanhamento de um profissional e nunca de maneira radical.

DICA 11
Posso comer carboidrato à noite?

➡ O problema não está no horário, e sim o quanto você irá consumir. E, mais uma vez, nunca deixe de procurar um profissional se seu desejo é mudar sua alimentação. Sair por aí cortando carboidrato e grupos de nutrientes por conta própria dificilmente fará com que você alcance seus objetivos de maneira saudável.

DICA 12
Como devo me organizar para ser mais saudável?

Lembre-se sempre que é imprescindível:

- Fazer compras diárias ou semanais, pois assim você compra apenas o que consome e, desse modo, além de evitar o desperdício de comida, economiza na hora de pagar a conta.
- Não ir às compras com fome. Basta dizer que barriga roncando só nos faz pensar em saciar logo a fome e, na maior parte das vezes, acabamos decidindo comprar muito mais do que comeríamos.
- Programar o cardápio do que pretende comer semanalmente.
- Consumir produtos na época da safra.
- Evitar comprar alimentos industrializados ou processados.
- Dar preferência para alimentos frescos, orgânicos e integrais.
- Pensar em compras on-line, assim elas serão mais planejadas, com menos risco de escolher guloseimas.

Aqui vão algumas dicas do que não poderá faltar em sua alimentação:

- Hortaliças: brócolis, couve-flor, aspargos, tomate, espinafre, rúcula, alface, abobrinha, berinjela, cenoura, cogumelos, beterraba e pimentão.
- Frutas: todas da estação em vigor.
- Carboidratos: inhame, mandioca, arroz, batata, quinoa, lentilha, feijão e grão-de-bico.

- Proteína: se for de origem animal, saber a procedência. E se for de origem vegetal, evitar as ultraprocessadas, dando preferência às orgânicas.
- Gorduras saudáveis: azeite, óleo de coco, castanhas e abacate.
- Temperos: açafrão, pimenta, cominho, curry, alecrim, orégano e tomilho.

E nunca se esqueça: quanto mais simples e mais próximo da natureza, melhor!

Tá vendo só? Elaborar uma lista de compras para dieta não é tão complicado e só nos traz benefícios.

CURIOSIDADES

Ora-pro-nóbis

É fonte de proteína e alternativa para uma alimentação saudável.

Muito utilizada em dietas veganas ou vegetarianas, é uma grande fonte proteica de origem vegetal e excelente alternativa no preparo de sucos, refogados e saladas.

Visite feiras orgânicas. A ora-pro-nóbis é apenas um dos vegetais que você pode encontrar entre tantos outros que existem. Eu quis mesmo convidá-la a descobrir o mundo da alimentação saudável com essa curiosidade.

Sal
Nem sempre podemos consumir o sal na quantidade desejada. Então, como substituí-lo?

➡ Com temperos naturais, como ervas, especiarias, pimentas e até um limãozinho. Além de ser mais saudável, a comida ficará mais saborosa, realçando o verdadeiro sabor do alimento.

Vale a pena experimentar!

Vai aqui uma receita que vale a pena fazer para diminuir os males desse vilão:

Sal disfarçado
Ingredientes:
— 1 colher (sopa) de manjericão
— 1 colher (sopa) de orégano
— 1 colher (sopa) de raspa de limão
— 1 colher (café) de sal (opcional)
Modo de preparo:
Bata no liquidificador todos os ingredientes e guarde na geladeira em um pote hermeticamente fechado.

Vale a pena ser curioso e buscar conhecimento se a sua intenção é ser saudável, mas não pretende cair na rotina!

DICA 13
Como armazenar de maneira correta os alimentos

Esta é uma questão que acaba sendo deixada de lado por nós: o armazenamento dos alimentos. A preocupação é tanta na hora de escolher o que iremos comer que acabamos nos esquecendo da conservação daquilo que compramos. E, claro, é possível sim guardar tudo de modo adequado para que cada alimento dure por mais tempo. Veja só:

- *Verduras*: depois da higienização, colocar em sacos plásticos ou recipientes com papel-toalha, a fim de tirar a umidade e conservar por mais tempo na parte de baixo da geladeira.
- *Frutas*: as frutas deverão ficar em temperatura ambiente, exceto as mais sensíveis, que deverão ser armazenadas na geladeira, pois estragam facilmente. Se preferir, é possível congelá-las para que durem mais tempo, assim poderão ser utilizadas como polpas para sucos ou sorvetes... Use sua criatividade!
- *Carnes*: tanto a branca como a vermelha são altamente perecíveis, portanto deverão ser armazenadas cruas e sem temperos na geladeira por no máximo 48 horas. Se for comprada congelada, deve-se levar diretamente ao freezer.

- *Grãos e alimentos secos*: esses alimentos têm uma vida útil maior e não precisam ser levados à geladeira, devem ser armazenados em potes herméticos.
- *Enlatados*: as latas deverão ser guardadas no armário. Após abertas, colocar o conteúdo em potes de vidro e levar à geladeira. Fique sempre atenta à data de validade.
- *Ervas e temperos*: quando as folhas começarem a murchar, corte-as, coloque-as em forminhas de gelo e complete com azeite, ou coloque em potinhos e leve-as ao freezer – assim terão maior durabilidade.

DICA 14
Como controlar a vontade de comer doces?

Para quem não resiste ao açúcar, deixar de consumi-lo é quase uma tortura. Mas não é impossível e, juro, dá para se segurar quando a vontade chegar.

- Escolha a sobremesa ideal, prefira os doces com castanhas ou frutas, pois as fibras e gorduras boas diminuem a velocidade da absorção do açúcar.
- Dê preferência aos doces caseiros.
- Ao preparar uma sobremesa, troque a margarina, o leite e o açúcar por versões magras, que ajudarão a reduzir bem as calorias.
- Aposte em sabores fortes e marcantes. O chocolate meio amargo é uma excelente opção, pois ele tem propriedades antioxidantes e não contém açúcar, o que ajudará a saciar a vontade de comer doces.
- Depois do almoço, prefira frutas como sobremesa, elas contêm fibras e menos absorção de açúcares.
- Ao sair com as amigas, evite ficar experimentando um pouco da sobremesa de cada uma, e divida a sua com a turma.
- Tome chá, os cafeinados ajudarão a controlar a fome e a diminuir a vontade de doce.
- A canela é uma especiaria que nos dá a falsa ilusão de que estamos consumindo um alimento calórico e doce, mas na verdade não acrescenta calorias ao prato, sendo possível usá-la em maçãs, pêssegos, bananas e até mesmo em chás.

DICA 15

OVO É IMPORTANTE?

Para quem busca qualidade de vida, incluir o ovo no cardápio é uma boa opção. Claro, como tudo na vida, é preciso ter moderação. Em todo caso, o ovo deve ser consumido levando-se em conta as necessidades individuais de cada organismo. Por isso, o ideal é contar com a ajuda de um nutricionista para encontrar, assim, a combinação perfeita.

Você sabia que a clara de ovo é puro colágeno, cheia de vitaminas, rica em proteína e não tem gordura nenhuma? Por esse motivo, ela pode ser consumida à vontade.

Para muitos é considerada a melhor fonte de proteína, que ajuda na formação e no enrijecimento muscular.

DICA 16
Receitinhas inteligentes, rápidas e fáceis de fazer

ESPAGUETE DE CLARAS

Ingredientes:
- 1 pitada de erva-doce em grãos
- 2 claras
- Pimenta
- Sal

Modo de preparo:

Bata as claras lentamente, junte a erva-doce em grãos e tempere com sal e pimenta.

Em uma frigideira antiaderente, despeje a mistura e asse em fogo baixo.

Retire da frigideira, enrole como um rocambole e corte em fatias bem finas para lembrar um espaguete.

Sirva com o molho de sua preferência.

PIZZA DE OMELETE COM ESPINAFRE

Ingredientes:
- 2 unidades de ovo caipira ou orgânico
- 1 colher (chá) de manteiga
- 1 xícara (chá) de espinafre (ou vagem) previamente cozido no vapor
- 1/4 de cebola pequena cortada em rodelas finas
- 1 colher (sobremesa) de azeite de oliva
- Orégano a gosto
- Manjericão a gosto
- 4 tomates-cereja cortados em rodela

- 2 colheres (sopa) de queijo parmesão (ou curado) ralado

Modo de preparo:

Bata os ovos com um garfo, adicione o sal e reserve. Em uma frigideira, coloque o azeite e um pouco de manteiga. Despeje os ovos batidos.

Adicione os verdes, os tomates, a cebola e, por último, o queijo. Tampe e deixe em fogo baixo por três minutos.

Finalize com mais orégano e manjericão.

Dica: Na hora de servir, espalhe por cima castanha-do-pará ralada, para deixar crocante.

DICA 17
Suco detox

Um bom copo de suco no café da manhã é muito gostoso e nutritivo. O ideal é consumir imediatamente, porém você poderá utilizar o freezer na conservação de alguns ingredientes como a couve, o gengibre, a água de coco, a hortelã, entre outros.

Lembre-se de que algumas frutas cítricas devem ser consumidas *in natura* para que não percam os nutrientes.

Formas de gelo ou copinhos descartáveis são excelentes opções para armazenagem.

DICA 18
Marmita

E se o assunto é receitinha, é natural pensarmos na nossa marmitinha de cada dia, não é mesmo?

Aliás, você já teve curiosidade para saber de onde vem o hábito de levar marmita para passar o dia fora de casa? Se nunca parou para pensar nisso, imagino que agora tenha ficado com vontade de saber um pouco mais, não é?

Pois bem, a marmita existe muito antes de ter se tornado *cool* e, mais do que isso, se hoje este é um dos itens que indicam opção de vida saudável e escolha, ela já foi sinônimo de ser a única opção para quem trabalhava fora de casa, já que algumas pessoas saíam muito cedo e só voltavam à noite, mas não tinham a possibilidade de deixar o trabalho para comer, seja porque não tinham dinheiro, seja porque não havia nada por perto. Foi assim que surgiu a marmita.

Hoje levar marmita ao trabalho é sinônimo de vida saudável e economia. E, por isso, separei algumas dicas e receitas para você ter sempre à mão: alimentos saudáveis e gostosos, e marmitas modernas e bonitas. Vamos começar pela marmita?

- ➡ Há uma variedade enorme de modelos e cores disponíveis.
- ➡ Procure as que tenham divisões para alimentos quentes e frios e que fechem hermeticamente.
- ➡ Pense em como transportá-la e onde e como irá aquecer sua refeição.
- ➡ Escolha aquela que melhor se adéqua a sua necessidade.

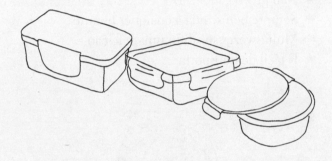

"Xi! Minha marmita está com um cheirinho ruim..."
- ➡ Ao terminar sua refeição, retire o resto de alimentos, lave normalmente e, se possível, coloque um pouco de vinagre branco à base de limão, enxague e seque bem.
- ➡ O limão e o bicarbonato retiram os odores desagradáveis de materiais como plástico, inox e até de vidros.

"Como aquecer meus alimentos no micro-ondas?"
- ➡ Dê preferência para a potência média, assim sua refeição esquenta uniformemente, embora demore um pouco mais.

➡ Na metade do tempo, mexa os alimentos líquidos, como o feijão, assim o calor será distribuído de forma equilibrada.
➡ Nunca coloque recipientes de alumínio, inox e plásticos descartáveis para aquecer sua refeição.

Sucesso sempre no meio dos alimentos saudáveis: saladas em recipientes de vidro e seus molhinhos.
➡ Não precisa aquecer.
➡ Sempre bem-vinda a qualquer horário.
➡ Muitas vezes substitui uma refeição.
➡ É fácil de transportar.

Como montar:
➡ Use sempre folhas higienizadas e secas, as orgânicas têm maior durabilidade.
➡ Faça camadas diferentes de ingredientes; a montagem é simples.

→ Escolha de acordo com sua preferência o tipo de salada, grãos, legumes, molhos, frutas e o que mais gostar, e mãos à obra.
→ Utilize um vidro limpo e higienizado.
→ Depois da montagem, vire o pote de cabeça para baixo, para que todas as camadas recebam o molho e os temperos.

Exemplo de uma sequência de montagem:
→ Molho de sua preferência.
→ Grãos (milho, grão-de-bico, entre outros).
→ Legumes (tomate, pepino, cenoura...).
→ Folhas (alface, rúcula...).
→ Oleaginosas (castanha, nozes...).
→ Frutas.

E por falar em saladas, vamos às receitas? O que levar na marmita? Como montar uma boa refeição sem medo de errar na quantidade ou de cair na rotina?

DICA 19
Oba! Molhos para saladas e receitinhas diferentes

VINAGRETE DE LIMÃO
Ingredientes:
- Suco de 1 limão grande
- ½ xícara (chá) de azeite
- 4 dentes de alho picados
- 1 colher (café) de sal

Modo de preparo:

Misture todos os ingredientes. Se necessário, acrescente um pouco de água filtrada.

MOLHO DE VINAGRE DE MAÇÃ
Ingredientes:
- ½ xícara (chá) de vinagre de maçã
- 2 colheres (sopa) de azeite extravirgem
- 1 colher (chá) de orégano
- 1 colher (café) de sal

Modo de preparo:
Misture bem todos os ingredientes.

DICA 20
Um toque crocante na salada

Aposte em uma salada bem colorida, mas não se esqueça de colocar alimentos que a deixem mais crocante e saborosa.

Vai aí uma receitinha prática e muito nutritiva.

GRANOLA SALGADA
Ingredientes:
- 100 g de flocos de milho
- 30 g de semente de linhaça
- 50 g de gergelim branco
- 20 g de gergelim preto
- 60 g de semente de girassol
- 50 g de aveia em flocos

- 10 g de sal grosso
- 50 ml de azeite de oliva extravirgem

Modo de preparo:

Misture todos os ingredientes.

Coloque em uma assadeira e asse por 45 minutos em forno preaquecido a 180 °C ou até tostar ligeiramente. Deixe esfriar e guarde em potes hermeticamente fechados. Sirva com salada verde.

É muito bom!

DICA 21
Jantar saudável em poucos minutos

Aqui vai uma dica fácil, rápida e muito saborosa:

TALHARIM DE ABOBRINHA

Modo de preparo:

Fatie ou compre a abobrinha já fatiada em formato de talharim. Cozinhe rapidamente em água e sal. Prepare um molho com tomates-cerejas cortados ao meio. Coloque alho espremido frito no azeite e orégano. Uma boa opção é colocar fatias finas de cebola. Sirva imediatamente depois do preparo e polvilhe queijo ralado.

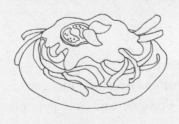

Se preferir, coloque molho branco.

Outra opção é substituir a abobrinha por palmito pupunha ou cenoura, porém sempre em formato de talharim.

Mais uma sugestão para o jantar:

PIZZA DE BERINJELA E ABOBRINHA
Ingredientes:
- Berinjela e abobrinha a gosto
- Azeite de oliva
- Sal a gosto
- Pimenta a gosto

Sugestões de recheio:
- Cream cheese, gorgonzola e orégano.
- Molho de tomate, cebola picadinha e lavada, queijo mozarela e manjericão.
- Cream cheese misturado com alho bem picado, queijo mozarela, parmesão e orégano.

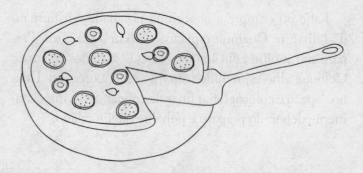

Modo de preparo:
Corte a berinjela e a abobrinha com 5 mm de espessura, salgue e deixe descansando por vinte minutos, em

seguida, lave, escorra bem e seque com papel-toalha. Coloque em um recipiente, adicione um pouco de azeite de oliva, pimenta e, se necessário, mais um pouco de sal. Misture muito bem. Acomode as fatias em uma forma sem sobrepor, coloque a cobertura que desejar, finalizando sempre com o queijo. Leve para assar no forno preaquecido a 200 °C até o queijo gratinar.

DICA 22
Cremes são sempre bem-vindos

Sugestão de creme salgado para deixar sua refeição ainda mais saborosa.

CREME DE ABÓBORA COM CENOURA E BATATA-DOCE
Ingredientes:
- 2 pedaços de abóbora
- 4 cenouras
- 1 cebola
- 1 batata-doce
- 1 pedaço de gengibre
- 1 litro de água
- Sal
- Azeite

Modo de preparo:
Lave bem os legumes, corte em pedaços e cozinhe na panela de pressão com 1 litro de água. Depois do cozimento, bata os legumes no liquidificador para obter um creme.

Sirva com:
- Croutons.
- Queijo ralado.
- Ervas secas ou frescas.
- Palitinhos de cenoura e salsão crus.
- Floretes de couve-flor semicozidos.
- Cogumelos fatiados levemente cozidos.
- Amêndoas torradas em lascas.
- Kani-kama desfiado.

Não se esqueça de uma taça de vinho!

DICA 23
Sobremesas lights

Os cremes doces são muito gostosos e fáceis de fazer.

Algumas sugestões de cremes a serem servidos depois das refeições:

CREME LIGHT DE ABACATE
Ingredientes:
- 1 e ½ xícara (chá) de polpa de abacate ou ½ abacate
- Suco de ½ limão
- ½ xícara (chá) de leite desnatado
- Adoçante a gosto
- Casca de limão ralada para polvilhar

Modo de preparo:
Coloque todos os ingredientes no liquidificador e bata até se obter uma mistura homogênea. Despeje em tacinhas individuais, polvilhe raspas de limão e leve para gelar. Consuma em seguida.

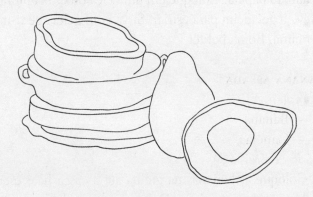

CREME DE PAPAIA
Ingredientes:
- ½ mamão papaia
- 1 copo de iogurte natural desnatado

- 1 colher de chá de geleia de frutas vermelhas sem açúcar

Modo de preparo:
Bata no liquidificador ou com o *mixer* o iogurte com o mamão papaia. Coloque em uma taça ou em copinhos e leve à geladeira para esfriar. Sirva com geleia de frutas por cima. Bom apetite!

BANANA ASSADA
Ingredientes:
- Banana
- Canela

Modo de preparo:
Coloque as bananas na grelha até a casca ficar escura. Vire-as do outro lado. Deixe por cerca de 5 minutos de cada lado em fogo alto. Com o auxílio de uma faca, abra a banana e polvilhe com canela. Sirva na casca ainda quente.

DICA 24
Conhecimento para uma vida saudável

Seguir uma vida saudável é uma opção de vida, mas, assim como você, eu sei que muitas vezes essa escolha pode ser mais difícil do que parece. Principalmente se levarmos em consideração o tanto de informação errada que encontramos espalhada por aí. Para tentar diminuir suas angústias, que tal saber o que é mito e o que é verdade?

Ingerir líquido durante a refeição engorda?
MITO A ingestão de líquidos em excesso vai dificultar a digestão e dilatar o estômago, por isso o indicado é o consumo de apenas um copo. Ah, e é melhor dar preferência para a água.

Limão em jejum emagrece?
VERDADE O limão é um antioxidante natural capaz de equilibrar o pH. Além disso, ele tem função diurética, que elimina a concentração de água e sódio no organismo.

Comer carboidrato à noite engorda?
MITO Não necessariamente. Depois das 18h, o metabolismo diminui, então se recomenda reduzir a quantidade geral de ingestão de alimentos, não apenas carboidratos.

Quem tem metabolismo lento demora mais para emagrecer?
VERDADE Há medicamentos e uma série de doenças, como ovários policísticos, síndrome metabólica, transtornos da tireoide e até depressão que afetam o funcionamento do metabolismo, fazendo com que o corpo queime uma quantidade menor de calorias.

A genética influencia no emagrecimento?
MITO Não é sempre assim. A genética tem certa influência, mas podemos contornar isso com exercícios e dieta.

Tomar chá verde emagrece?
VERDADE O chá verde é termogênico, por isso acelera o metabolismo e a queima de calorias. O indicado é tomar cinco a dez minutos antes das principais refeições. Existem outros chás que também colaboram, como o de hibisco e o de cavalinha.

Refrigerante zero emagrece?
MITO Os refrigerantes zero/*diet*, apesar de não conterem calorias, têm mais sódio do que os normais. Eles são ricos em edulcorantes artificiais, por isso devem ser evitados.

Vegetais verde-escuros têm ação detox?
VERDADE Os vegetais verdes ajudam a desintoxicar o organismo e a acelerar o metabolismo, facilitando o processo de emagrecimento.

Shakes substituem as refeições principais?
MITO Para não comprometer a dieta, eles devem ser consumidos apenas nas refeições intermediárias. Além disso, é indicado consumir por volta de três porções por dia, pois são ricos em frutose, um tipo de carboidrato.

Beber água ajuda a emagrecer?
VERDADE A água é uma grande aliada no processo de emagrecimento. Devemos ingerir em torno de 1,5 a 2 litros de água por dia.

Cremes redutores de medida ajudam a emagrecer?
VERDADE Ajudam, mas o resultado é local. Eles melhoram a circulação e as celulites, se aliados à massagem modeladora.

Cintas modeladoras ajudam a emagrecer?
MITO As cintas não emagrecem nem queimam calorias, apenas disfarçam as medidas.

Dormir mal engorda?
VERDADE Dormir mal desregula a liberação de serotonina e do hormônio grelina, que aumenta o apetite.

Carne vermelha engorda?
MITO O que engorda é o modo de preparo, a gordura presente no alimento e a quantidade a ser ingerida.

Fumar emagrece?
MITO O cigarro provoca, no cérebro, a falsa sensação de estar comendo, mas ninguém deve fumar para emagrecer! A dica é trocar o cigarro por exercícios de respiração. Eles causam um efeito até mais forte na redução da ansiedade, facilitando a dieta.

Sauna emagrece?
MITO A sauna faz o corpo perder água, dando até diferença na balança, mas por poucas horas.

Reeducação alimentar emagrece?
VERDADE É a melhor solução para quem quer emagrecer e manter-se magro, aprendendo a substituir alimentos e a reduzir a quantidade de comida ingerida.

Ingerir apenas comidas light emagrece?
MITO Dar preferência à ingestão de alimentos light não garante a redução de peso. Eles podem ser consumidos desde que estejam incluídos em uma dieta equilibrada.

Comer assistindo à televisão engorda?
MITO Não é o fato de comer assistindo à televisão que engorda, e sim que quem assiste à televisão enquanto come tende a comer mais, pois não está concentrada na refeição, o que retarda a produção do hormônio que dá a sensação de saciedade. Porém não é somente a televisão que faz isso, comer lendo ou mexendo no computador também tem o mesmo efeito.

Dicas importantes:
➡ Antes de iniciar qualquer dieta, certifique-se de que ela contenha todos os nutrientes essenciais para uma boa saúde.
➡ É importante escolher um plano de alimentação que você possa seguir de forma definitiva.
➡ O plano deve também ensinar como selecionar e preparar alimentos saudáveis e como manter o peso alcançado.
➡ Lembre-se: seguir uma dieta saudável e nutritiva para manter o novo peso deve ser combinado com atividade física regular, e a dieta deve ser prescrita por um profissional.

6
Equilíbrio já! Tchau, neuras!

A cada dia que passa, o tempo parece andar mais rápido. Esta é uma afirmação que ganha cada vez mais sentido na vida das pessoas. Mas por que isso acontece? Por que temos a sensação de não ver o tempo passar? Será que estamos perdendo ou deixando de viver algo importante?

É normal que alguma dessas perguntas já tenha passado por sua cabeça. A verdade é que a velocidade das coisas realmente tomou proporções que jamais imaginávamos, e é daí que vem essa sensação de "não ver a vida passar". Por esse motivo, conseguir alcançar uma vida equilibrada tornou-se uma das principais prioridades para quem tem uma rotina agitada.

Mas o que é equilíbrio?

Antes de começar a falar sobre como encontrar o equilíbrio entre as várias facetas da vida, é preciso saber o que é equilíbrio. Apesar de parecer simples, chegar ao equilíbrio das coisas é uma das tarefas mais difíceis atualmente, uma vez que estamos sempre a um passo de ceder demais, ou de priorizar mais uma esfera que outra, ou de abrir mão de nós mesmas para apoiar os outros.

Equilibrar-se, portanto, é saber andar na corda bamba, mantendo o corpo alinhado para não cair. Calma, não se assuste! Viver na corda bamba pode parecer horrível, mas não é. Em vez disso, é reconfortante e traz a sensação de que estamos vivendo em plena sintonia com a vida e tudo o que ela nos traz. Equilibrar-se na corda bamba significa afirmar que você é capaz de ser você mesma em todas as situações. Por isso, vamos começar a falar sobre o que temos de fazer para nos equilibrar?

Para começar, preciso que você seja sincera e reflita sobre a maneira como tem levado a vida. Para isso, vou ajudá-la com uma pequena lista de perguntas às quais você deve responder e, mais do que isso, deve pensar sobre a verdade delas no seu dia a dia:

- Você se sente cansada o tempo todo?
- Você acredita que o tempo tem passado mais rápido do que deveria?
- Você quer dar conta de tudo?
- Você se sente culpada por não conseguir dar conta de tudo?
- Você gostaria de ser mais de uma pessoa?
- Você abre mão de você mesma para ajudar o outro?
- Você só pensa em férias?
- Você não consegue dedicar um tempo só para você?
- Sua carreira ocupa mais de 90% da sua vida?
- Você se sente exausta só por ler estas perguntas?

E aí? O que achou das perguntas? Você não precisa respondê-las se não quiser. Minha intenção é mesmo provocá-la e fazê-la pensar em como sua vida está hoje e, claro, fazê-la pensar se você está feliz ou se deseja mudar.

Pense a respeito de tudo isso e guarde suas reflexões para ler as dicas deste capítulo. Isso certamente tornará sua experiência mais completa e, assim, será mais fácil você conseguir mudar o que a incomoda e não lhe faz bem.

Vamos lá?

DICA 1
Você em primeiro lugar

Já passou da hora de você entender que é prioridade na sua vida. Não há nada mais importante do que isso, já que, se você não se coloca em primeiro lugar, tudo, tudo mesmo, pode ocupar esse espaço em sua vida. E já estamos cansadas de saber que ceder um espaço tão importante quanto este – o primeiro lugar – não é a melhor saída para conseguir alcançar uma vida equilibrada.

Quando você se coloca em primeiro lugar, consegue administrar tudo o que vem depois de você. Parece mágica, mas não é. Ser prioridade é fundamental para conseguir vencer a sensação de que o tempo passa sem nos darmos conta disso, e tudo parece começar a render mais e a se alinhar com suas vontades e seus desejos.

Por exemplo, ao se colocar no topo da vida, você consegue encontrar tempo para fazer uma atividade física, estudar, comer o que gosta e o que te faz bem, trabalhar, dedicar-se à família e aos amigos. E isso não é mágica, é apenas a sensação de se priorizar e de estar sempre no ponto mais importante de sua vida.

Amar-se é mágico e faz com que o tempo que temos disponível para viver ganhe proporções gigantescas. Ame-se, ganhe tempo e sinta-se equilibrada.

DICA 2
Você não precisa dar conta de tudo

Você é incrível. Você é linda. Você é poderosa. Você é capaz. Você é sonhadora. Você é realizadora de sonhos. Você é mulher. Você é amiga. Você é filha. Você é bem-sucedida. Você é amada. Você ama. Você é você e é a coisa mais linda que existe.

Sim. Eu posso afirmar tudo isso sem nem te conhecer porque eu sei de tudo isso e ponto. E você precisa concordar comigo ou há alguma coisa errada com você.

Mas preste atenção: ser tudo isso (e mais um pouco) não significa que você precisa dar conta de tudo. Afinal de contas, você é humana (e maravilhosa) e tem as mesmas 24 horas disponíveis por dia para viver e para ser quem você é.

Pare de acreditar que você precisa ser duas ou estar em dois lugares ao mesmo tempo, ou que precisa ser uma supermãe, uma superempresária, uma superdona de casa. Pare. Apenas pare. Você tem que ser você e ocupar o primeiro lugar de sua vida – e isso não permite que você queira dar conta de tudo porque não combina com o posto de primeiro lugar. Por isso, aprenda a contar com as pessoas que estão ao redor.

DICA 3
Aprenda a pedir ajuda

Aprender a contar com as pessoas que estão ao seu redor é mais do que necessário, é essencial para continuar existindo neste mundo em que tudo acontece e se transforma em um piscar de olhos. Pedir ajuda e contar com as pessoas é fundamental para que a vida entre em equilíbrio e em sintonia em todas as áreas.

E sabe o que é mais engraçado? As pessoas que estão a seu redor e que te amam querem te ajudar. Isso não só é bonito, como também é uma demonstração de amor.

Não tenha medo de pedir ajuda e de contar com o outro para seguir a vida. É mais gostoso quando estamos juntos e sabemos que podemos contar com o próximo. Mas você só aprende isso se permitir que aconteça e, mais do que isso, se conseguir pedir ajuda.

Vamos lá, não é tão difícil assim. E para começar:

- ➡ Aprenda a pedir ajuda, por favor. Você pode e você quer.
- ➡ Nem tudo sairá do modo como você teria feito. E tudo bem. Melhor feito do que perfeito.
- ➡ O que é perfeito para você pode não o ser para o outro. Entenda as diferenças e respeite-as.

Conte com a disposição do outro e permita-se ser ajudada. É libertador.

DICA 4
O poder do "não"

Você já experimentou dizer "não" para o que realmente não quer? Para o que você não gosta? Ou para simplesmente o que você não é obrigada e não está a fim de fazer?

Se nunca se permitiu viver isso, faça agora, hoje. Mas já adianto: não é fácil! Dizer "não", impor sua vontade, é um exercício diário e toma tempo para se tornar natural, mas é libertador, e nem preciso dizer que ajuda a concretizar a dica número 1 deste capítulo, ou seja, colocar-se em primeiro lugar.

Experimente dizer "não" para tudo o que a deixa para baixo. Experimente dizer "não" para tudo o que acaba com sua autoestima. Experimente dizer "não" para tudo que você não é obrigada. E, assim, começará a dizer "sim" para você.

DICA 5
O poder do "sim"

Atenção: este é um caminho sem volta!

Quando você experimenta o poder do "não", automaticamente é levada para o caminho do poder do "sim". É uma questão de lógica, pois ao rejeitar tudo o que a incomoda e não faz bem para sua saúde emocional e física, naturalmente você acaba dizendo "sim" para tudo o que realmente quer e gostaria de fazer.

E você pode sim, minha querida, ser o que quiser. Fazer o que quiser. Comprar o que quiser. Conquistar o que quiser. Encontrar o que quiser. Realizar o que quiser.

Você pode tudo e nada pode impedi-la de ser quem realmente é.

Mas lembre-se: para isso é preciso aprender a dizer "sim".

DICA 6
Não fazer nada é preciso

Ninguém aqui gosta de depender do outro para nada. Já vimos o quanto é difícil pedir ajuda e contar com o apoio de outras pessoas, mas também sabemos que o excesso só nos traz malefícios. E se estamos falando em equilíbrio, naturalmente falamos dos momentos de descanso.

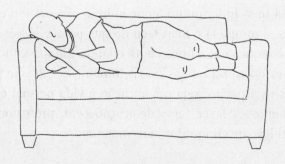

Você consegue ficar sem fazer absolutamente nada?

Se sua resposta for "não", é preciso ficar atenta à vida que anda levando, pois certamente algum ponto está sobrecarregando sua carga diária de coisas a fazer. Assim como todas as pessoas no mundo, temos mil e uma coisas para cuidar, mas saber deixar um tempinho livre para não fazer e não pensar em nada é essencial para manter a sanidade mental e ficar livre de qualquer desvio emocional.

Permita-se deixar uma hora (se achar que é muito, comece com menos) de seu dia livre para ficar de pernas para o ar, olhando para o nada. Há centenas de pesquisas por aí que afirmam que é no tempo livre que as coisas acontecem, que tudo se organiza e, mais do que isso, é quando as grandes ideias nascem.

Aproveite seus momentos de liberdade e tempo livre para ficar na sua companhia e não pensar em nada. Você precisa disso e sua saúde agradece.

DICA 7
Limite é tudo e vale pra tudo

Há uma linha muito tênue entre o exagero e o equilíbrio, e rompê-la é mais fácil do que parece. A verdade é que sequer nos damos conta quando ultrapassamos os limites do rumo que as coisas tomam. E isso vale para todos os aspectos: seja a dedicação à vida pessoal e aos momentos de lazer, seja a dedicação à vida profissional e à ambição de conquistar bens materiais.

Se você anda estressada, cansada, com a sensação de não conseguir dar conta de tudo o que gostaria de fazer, o sinal de alerta está piscando, pois a balança do excesso de trabalho parece estar mais pesada do que a da vida pessoal. Isso vale também para a sensação de excesso de descanso, de sentir-se inútil, sem grandes pretensões, pois tudo indica que o ponteiro da vida pessoal e dos momentos livres esteja ultrapassando o que é recomendado.

Aprenda a dosar cada fatia do tempo para cada pilar da vida, pois só assim você se sentirá inteiramente equilibrada e aliviada ao final do dia.

DICA 8
Hora certa sem erro

Já falamos aqui sobre o quão importante é se colocar em primeiro lugar e o quanto vale saber dizer "não" e, ao mesmo tempo, permitir-se dizer "sim" a tudo aquilo que você deseja realizar. Agora chegou a hora de falar sobre como essas três dicas podem ser alcançadas. E, para mim, a única maneira de fazer com que isso aconteça é estabelecendo uma rotina em que tudo gire em torno do seu bem-estar.

Não há nada que a impeça de conseguir cumprir com o que você planeja se você consegue seguir uma rotina e ser fiel a ela. Respeitar seus horários e o que você julga ser importante é essencial para se sentir em primeiro plano na própria vida.

Por este motivo:

- Seja gentil consigo mesma.
- Respeite seus horários e estabeleça o que é melhor para você.
- Seguir receitas é ótimo, mas nem sempre elas funcionam na nossa rotina. Saiba adaptá-las para a sua realidade.
- E, por fim, seja seu milagre diário, respeitando-se e cumprindo o planejamento.

Adaptar-se a uma rotina já é difícil, por isso não caia em tentação ao analisar a rotina da vida do outro, pois ela pode funcionar para aquela pessoa, mas não para você.

DICA 9
Vida saudável sem neuras

Longe de mim cair na besteira de convidá-la a viver uma vida louca e feliz em que tudo está liberado e que não há preocupação com a saúde. Nunca cometerei tamanha loucura. Mas, por outro lado, jamais serei aquela pessoa que levanta a bandeira de uma vida completamente regrada e exclusivamente apoiada em uma dieta livre de qualquer coisa.

Para mim, proibir e cortar são sinônimos de extremismo, e eu definitivamente não trabalho com coisas radicais.

Por isso, leve uma vida saudável, sim. Esteja sempre atenta à alimentação, à atividade física, mas nunca faça disso uma regra imutável em que nada além disso é permitido. Seja flexível e maleável com sua história, sua mente e seu corpo. Comer um docinho de vez em quando não mata ninguém e, melhor do que isso, proporciona momentos felizes e sem neuras.

Encontrar o equilíbrio é um dom na hora de levar uma vida saudável.

DICA 10
O dia tem 24 horas e é preciso saber aproveitá-las

Chega de sair por aí dizendo que você gostaria de ter mais horas em seu dia. Aprender a contar com o que você tem em mãos é o primeiro passo para conseguir ter uma vida melhor e mais equilibrada. As 24 horas do dia são mais do que suficientes quando você consegue organizar sua rotina e seguir seu planejamento.

Mas lembre-se:

- Você pode contar com o apoio de outras pessoas.
- Você não precisa dar conta de tudo.
- Você é humana e não uma super-heroína.
- Você não precisa provar nada a ninguém.
- Ajuste sua vida e organize sua rotina, e dificilmente você desejará ter um dia com mais de 24 horas.
- O segredo é organizar-se e cumprir o que foi planejado.

DICA 11
Quem sai por último apaga a luz

Para finalizar este capítulo, nada melhor do que lembrarmos o quão necessário e importante é ter uma vida equilibrada nos dias de hoje. Não somos as únicas a buscar esse equilíbrio, acredito que esta seja uma ambição de todo mundo.

Já não temos mais condições de levar uma vida desenfreada, baseada no excesso de consumo e na falta de preocupação com o outro ou com o dia de amanhã. Por isso, antes de sair por aí fazendo o que lhe der na telha, pare e pense nas consequências de suas ações e, sempre que possível, coloque-se no lugar do outro. Se você não se sentir confortável, não faça.

O restante falaremos no capítulo a seguir, porque todos querem ter uma vida rica. Resta saber rica em quê.

7
Uma vida mais rica

Entra ano, sai ano, e se tem uma promessa que nunca sai da lista é ter uma vida mais rica. A verdade é que o desejo por ter mais dinheiro, mais ganhos ou mais benefícios é sempre válido, mas a pergunta é: por que ele nunca sai da lista para se tornar, de fato, uma realidade?

Eu não sei ao certo a resposta nem estou aqui para ditar regras e verdades absolutas, mas preparei um conteúdo que tem como objetivo levá-la à reflexão sobre sua relação com as finanças, o dinheiro e seus desejos. Mais do que fazer com que você torne a promessa de ano-novo uma meta, quero fazê-la refletir mais sobre o que você faz e o que você pode fazer para conseguir realizar seus sonhos.

Você sabe, por exemplo, qual é seu gasto médio mensal com seus sonhos? Você sabe quanto custa para atingir seus objetivos? Você consegue guardar dinheiro?

Essas questões, de algum modo, serão respondidas nas dicas a seguir. Por favor, leia-as com bastante atenção e mude de uma vez por todas a relação com seus ganhos.

Antes de começar, vamos definir algumas prioridades:

- Procure ter suas realizações paralelamente a suas aspirações. Oi? O que isso quer dizer? De modo bastante simples, quero convidá-la a aprender a valorizar o que você realiza a respeito daquilo que deseja. Então, saiba que é possível, sim, realizar e continuar sonhando.
- Seja realista e aprenda a planejar. Isso não quer dizer que você não pode soltar a criatividade na hora de sonhar ou de querer alcançar alguma coisa. Não. Em vez disso, quero vê-la sonhando com o que você puder imaginar. O que não é possível aqui é não saber lidar com a realidade e sonhar coisas impraticáveis e não planejadas. Então sonhe, mas avalie seus sonhos e faça com que eles caibam na realidade em que você vive. Só assim você conseguirá realizá-los.
- Procure ter sempre uma meta, uma definição, e lute para realizá-la.

E nunca, nunca mesmo, se esqueça de que ser rica é viver bem e ser feliz!

Se dinheiro trouxesse felicidade, os ricos estariam dançando nas ruas, porém apenas os felizes fazem isso, independentemente do saldo financeiro. Todavia, sem dinheiro e sem bens, não é possível ter uma vida tranquila.

Uns têm a felicidade de ter muito sucesso financeiro por terem nascido em famílias poderosas, ou por terem conseguido um bom emprego etc., mas nem sempre têm equilíbrio emocional, humor, bondade... Outros não têm esse sucesso financeiro, mas contam com a sorte de terem crescido em um ambiente com alegria, equilíbrio, inteligência e outras riquezas nem sempre compráveis.

Ser rico é, então, reconhecer tudo o que você já tem e saber agradecer por isso. Você é grata pelo que você tem? Você é grata às pessoas que a rodeiam e que amam você independentemente de qualquer coisa? Riqueza é isso.

Isso é ser cada dia "mais rica", e sempre que possível compartilhe e faça boas ações; isso é muito bom.

DICA 1

- Poupar faz bem, traz paz e segurança.
- Poupar é inteligente.
- Poupar é importante para você realizar suas metas e seus sonhos.
- Poupe com disciplina e bom senso.
- Gaste menos do que você ganha.

DICA 2

- A impulsividade é inimiga da riqueza.
- Analise sempre suas despesas.
- Evite comprar por impulso.
- Cuidado com promoções, só interessarão se você realmente precisar do que está sendo anunciado.

DICA 3

→ Tenha sempre bem definido seu objetivo profissional e pessoal.
→ Profissionalmente, atente-se a sua fonte de renda e não deixe de investir e de se atualizar sempre, pois sua carreira é a responsável pela renda financeira, e você é e deverá ser sempre a melhor na profissão escolhida.
→ No quesito pessoal, tenha bem definido o que quer para a vida, onde irá morar e o que considera atualmente mais importante.

DICA 4

→ Saiba sempre quanto você ganha ou determine qual é a média mínima de ganho, caso você tenha um trabalho autônomo.

DICA 5

Crie um planejamento básico, simples e objetivo de gastos:

→ Despesas fixas (aluguel ou prestações, impostos...).
→ Despesas consumíveis (água, luz, telefonia, alimentação, transporte...).

➡ Despesas de formação e atualização profissional.
➡ Despesas com convênio médico.

As despesas citadas são diretas, e independentemente de sua renda ser maior ou menor, elas aparecem mensalmente.

Existem planilhas muito mais completas em seu computador e celular que poderão auxiliá-la bem nessa tarefa administrativa.

DICA 6

➡ As despesas variáveis podem ser analisadas e até mesmo substituídas.

DICA 7

➡ Em vez de ir a restaurantes, coma em casa ou leve sua refeição para o trabalho. Não é ruim, e com certeza a diferença financeira será muito grande no final do mês.

DICA 8

➡ Substitua suas visitas ao salão de beleza semanalmente por produtos de qualidade adquiridos em

lojas especializadas (xampus, cremes...) e tenha um bom secador.
➡ Faça você mesma seus cuidados de beleza e, ao longo de poucos meses, terá uma economia muito interessante com essa experiência.

DICA 9

Pense em quais bens você realmente precisa ter.
Sobre imóveis:

➡ Evite investir em bens imóveis para lazer; de acordo com sua condição social e preferências, invista em turismo racional.
➡ Alugue por temporada imóveis com finalidades recreativas, se possível em grupos de parentes e amigos.
➡ O importante não é possuir, e sim ter acesso.
➡ Nem sempre é possível ter uma casa de praia ou uma casa de campo, mas, se você tiver acesso à internet, poderá alugar uma casa que lhe agrade onde você queira.
➡ Assim, terá um custo administrável e poderá variar os locais sem dissabores de cuidar de um espaço durante doze meses.
➡ Mais acesso e menos despesas = tranquilidade e mais dinheiro.

Sobre carros:

➡ Existem aplicativos que nos ajudam a pensar se é importante ter um carro.
➡ A locomoção deve ser feita por transporte público, quando conveniente, especialmente de metrô, complementado por veículos contratados por aplicativos ou mesmo a pé.

➡ As verbas para aquisição de veículo, manutenção, seguro e taxas oficiais devem ser poupadas com disciplina e ponderação, ou seja, o significado é "menos poderá ser melhor".

Sobre algumas despesas domésticas:

➡ Ter uma funcionária fixa é muito diferente de ter uma diarista para realizar a limpeza ou outras funções domésticas. É importante considerar todos os cenários possíveis, incluindo você mesma ser a responsável por essas tarefas, pois isso influenciará as despesas da casa.
➡ Caso você tenha uma profissão que exija um espaço independente, considere se terá um escritório próprio, trabalhará em regime *home office* ou contará com os benefícios de um *coworking*.
➡ Analise se, financeiramente, é mais viável fazer compras em um atacadão, em um supermercado ou no mercadinho do bairro.

DICA 10

➡ Programe as verbas e aquisições e busque seus objetivos sempre com muita segurança.

DICA 11

▶ Divida suas ideias financeiras com a família.

DICA 12

▶ Sempre que possível, use cartão de crédito, pois é mais seguro e todos os gastos estão nominativos, facilitando o controle.
▶ Cuidado com impulsos e gastos desnecessários.
▶ Compras parceladas, que momentaneamente parecem ótimas, significam aumento de despesas futuras.

DICA 13

▶ Nunca deixe de pagar o cartão de crédito na data de vencimento, pois os juros ministrados são dos mais altos no mercado.

DICA 14

▶ Negocie sempre tarifas inteligentes com a administradora do cartão.
▶ Controle e administre as milhas que você ganha ao utilizar cartões.

8
Uma vida mais inteligente

A leitura é a forma mais antiga e correta de obter conhecimento sobre tudo que nos envolve, interessa ou que temos necessidade de aprender.

Através da leitura podemos buscar os mais diversos assuntos e temas.

O livro é a ponte que nos leva ao caminho do conhecimento, das informações culturais, curiosidades etc., principalmente na fase da infância e da juventude.

Os livros estimulam a criatividade e são nossos grandes parceiros em ortografia e gramática, e assim aprendemos a escrever e expressar bem uma ideia.

O hábito da leitura pode ir além dos livros, pode ocorrer através de revistas, jornais, informativos, internet etc. Essa prática é tão importante para o ser humano quanto o ar que respiramos, a água que bebemos e o alimento que nos sustenta.

Leia sempre... São muitos os benefícios:

➡ Solta a imaginação.

- Estimula a criatividade.
- Aumenta o vocabulário.
- Facilita a capacidade de se expressar por meio da escrita.
- Leva a diversos mundos.

DICA 1
Como gostar de ler?

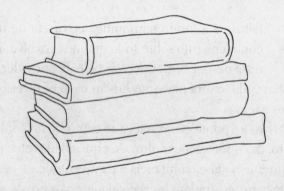

Se você ainda não entrou no mundo maravilhoso da leitura, comece agora! Descubra quais são os temas e assuntos que mais te interessam. Entre os mais variados, há:

- Lazer.
- Família.
- Entretenimento.
- Saúde.
- Gastronomia.
- Literatura.

DICA 2
Visite uma livraria

As livrarias possuem espaços maravilhosos, além de uma enorme variedade de temas separados em prateleiras por categorias, o que facilita muito encontrar o que procura, podendo contar com equipe especializada para orientá-la e auxiliá-la na escolha certa. Você ainda conta com salas de leitura, cafeteria e um som ambiente relaxante.

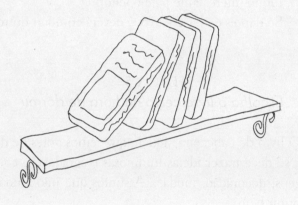

DICA 3
Incentive a leitura infantil

Se você puder, leve alguma criança para conhecer uma livraria. No espaço infantil, além de livros e revistas, há atividades educacionais, com o objetivo de despertar o interesse infantil pela leitura.

DICA 4
Como escolher o livro certo para criar o hábito de leitura?

- Escolha e compre apenas um livro, ele deverá ter poucas páginas e deve ser bem objetivo.
- Peça uma recomendação de leitura para alguém que tenha o gosto parecido com o seu.
- O assunto ou tema deste deverá ser agradável e muito interessante para o leitor.
- Só depois de ler este, você deverá comprar outro.

DICA 5
Escolha o livro certo na hora de dormir

O livro de cabeceira, aquele que lemos antes de dormir, só deve trazer ideias luminosas e agradáveis, como viagens, decoração, moda... Assuntos que irão ajudá-la a dormir bem.

DICA 6
Doe livros

- Após a leitura, doe o livro para que outras pessoas possam ter essa experiência.
- Doar é uma ação nobre e inteligente.

DOE LIVROS, COMPARTILHE *conhecimento*

DICA 7
Presenteie com livros!

- ➡ Um livro é sempre um grande presente.
- ➡ Para evitar erros, procure conhecer o estilo pessoal ou profissional de quem você deseja presentear.
- ➡ Analise a idade e o momento social dessa pessoa antes de comprar o livro e presenteá-la.

DICA 8
Quando eu for presentear alguém, devo colocar uma dedicatória?

- ➡ Sim, escreva em poucas palavras algo sobre o relacionamento de vocês ou por que escolheu aquele livro.

➡ Coloque a data do presente no livro.

Livros são quase eternos e essas mensagens nos relembram grandes momentos.

DICA 9
Posso presentear alguém com um livro que eu já li?

➡ Com certeza.
➡ Faça uma embalagem simples, porém elegante, podendo utilizar um papel mais rústico, acrescentando um cartão com algo parecido como: "Eu li este livro e lembrei de você, acredito que irá gostar!".
➡ Só presenteie com este livro se estiver em perfeitas condições, ou seja, sem rabiscos, rasgos ou sujeira.

9
Mais viagens

Viajar é maravilhoso, auxilia na saúde mental, reduz o estresse, aumenta o nível de felicidade e satisfação, é cultura geográfica, histórica, gastronômica e social.

Seja qual for o destino ou o objetivo, é sempre muito bom!

Normalmente, ao recebermos um convite – "Vamos viajar?" –, o "sim" vem antes mesmo de outros detalhes.

Viajar engloba três fases:

- *Antes da viagem* – toda a preparação e organização.
- *Durante a viagem* – o momento mais esperado, a realização.
- *Pós-viagem* – o período quase eterno, a lembrança daqueles momentos marcantes.

Existem algumas dicas para que sua viagem seja um sucesso.

DICA 1
Qual é o objetivo da viagem?

➡ Trabalho, passeio... Antes de viajar, tenha muito bem definido esse objetivo, para que você não tenha suas expectativas frustradas, afinal, não é bom ser a pessoa que está trabalhando numa viagem de férias em família, ou então fazer grandes passeios numa viagem a trabalho. Procure sempre se planejar nesse sentido.

DICA 2
O que você está procurando para esse momento?

➡ É uma viagem de férias?
➡ Quantos dias você terá disponível?
➡ Qual é a verba destinada?
➡ Sua viagem será nacional ou internacional?

Analise a estação do ano no local escolhido, se está de acordo com o que você gosta (inverno, verão...), assim será mais fácil optar pelo destino com tranquilidade.

DICA 3
Viajar com quem?

➡ Analise bem antes de convidar algum amigo ou familiar para viajar com você.

- Essa análise será muito importante para o sucesso da viagem.
- Pense nos hábitos da pessoa, como alimentação, idade (crianças/idosos), costumes, disposição e preferências.
- Nunca esqueça: uma viagem é convivência por períodos longos, dias e horários, e o planejamento do que fazer é fundamental para seu sucesso.

DICA 4
Baixa temporada

- Aproveite sempre que possível as baixas temporadas, pois a economia é representativa.
- Em uma viagem nacional ou internacional, os meses de abril, maio, setembro ou outubro são os mais indicados, pois são períodos de sazonalidades climáticas (primavera/verão/outono/inverno).

DICA 5
Fique de olho nas ofertas

- Analise muito bem as ofertas de pacotes de viagens promocionais que incluem avião, hotel e passeios, pois normalmente são preços inteligentes.

DICA 6
Formas de pagamento

➡ As promoções de viagens com juros baixos devem ser analisadas.

➡ Normalmente o uso do cartão de crédito parcelado é vantajoso, pois possibilita pagamentos mensais mais acessíveis e colabora com a pontuação para você poder programar a próxima viagem com menos custo.

DICA 7
Enfim, férias! Preciso relaxar!

➡ Escolha um hotel ou um resort com um quarto confortável e uma cama maravilhosa.

- ➡ Dê atenção também a um café da manhã bem variado.
- ➡ Escolha um lugar em que também seja possível realizar atividades internas, como: piscina, jardins, música ambiente, salas, espaço para caminhadas...
- ➡ Opte por uma localização interessante, rodeada de restaurantes, lazer e até mesmo lojas ou shoppings.
- ➡ Nos momentos de lazer, é sempre agradável poder comprar lembrancinhas, algo que já faz parte das nossas viagens.
- ➡ Não se esqueça de levar aquele livro que gostaria de ler e ainda não teve oportunidade.

***

Como fazer uma boa mala?

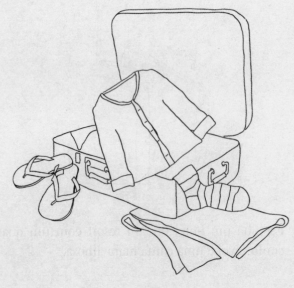

DICA 1
Limpeza

→ Limpe suas malas depois de qualquer viagem.

DICA 2
Escolha a mala certa!

→ A mala deve conter sua identificação atualizada e completa, independentemente da viagem ou do meio de transporte.
→ Use identificadores de boa qualidade e visibilidade.

DICA 3
Não abuse na quantidade de malas

→ Leve somente as malas que você conseguir carregar e quantas forem permitidas na viagem, independentemente do meio de transporte (carro, carona, ônibus, avião, trem, navio...).

DICA 4
Será que é o momento de renovar minhas malas?

Atualmente as malas mudaram e se tornaram mais leves, com rodinhas que giram 360 graus, facilitando muito o transporte.

As normas de exigências de bagagem também podem sofrer mudanças, portanto dê preferência para malas pequenas.

➡ *Pequena*: uso pessoal; suporta aproximadamente dez quilos, ideal para viagens curtas.

➡ *Média*: suporta aproximadamente 23 quilos.

→ *Grande*: cuidado, normalmente você irá usar pouquíssimo.

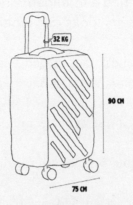

DICA 5
Planejamento!

Antes de arrumar as malas, verifique:

→ Qual é o tipo de viagem que irá fazer? Será profissional ou de férias?
→ Qual é a temperatura do local?
→ Quantos dias irá ficar?
→ Existe algum compromisso ou evento social no local escolhido?

DICA 6
Seja prática e inteligente ao montar seus looks de viagem

- Escolha poucas roupas, pense nos itens básicos e neutros, como calças ou saias jeans, preta, branca ou cru.
- Camisas e camisetas que combinem com peças básicas.
- Não se esqueça de levar um paletó de inverno ou verão.
- Dê preferência a tecidos que não amassem com facilidade.
- Separe inicialmente as peças básicas dos seus looks, como calças, bermudas...
- Leve poucas roupas e dê preferência às cores neutras que irão compor os itens básicos.
- Complete com acessórios (bijuterias, cintos, calçados).
- Não se preocupe em repetir looks em uma viagem, é muito usual!

DICA 7
Nécessaire ou envelopes plásticos

- Acondicione em nécessaire ou envelopes plásticos próprios para as malas: maquiagens, cremes, hidratantes, produtos de higiene pessoal e remédios;

dê preferência às embalagens pequenas com quantidade proporcional ao consumo. Dessa forma, esses produtos serão mais bem acomodados na mala, facilitando muito sua organização.

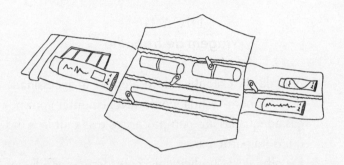

DICA 8
Como guardar sapatos?

➡ Use sempre os sacos próprios para sapatos, ou seja, aqueles que acompanham os sapatos no momento da compra.
➡ Uma boa dica é usar toucas descartáveis que protegem os cabelos no banho para guardar os sapatos.

DICA 9
Comprinhas e lembrancinhas

➡ Destine um espaço na sua mala para as novas aquisições.

➡ Sempre achamos algo interessante para comprar, ou mesmo aquela lembrancinha para alguém especial.

DICA 10
Viagem de trabalho

➡ A mala da executiva deve atender à necessidade de estar bem-vestida, confortável e contar com peças adequadas aos compromissos e às reuniões das quais irá participar.
➡ Escolha cores tradicionais, considere as condições climáticas do local de destino, o tipo de hospedagem e a duração da viagem.

DICA 11
Exemplo básico do que levar em uma mala de viagem profissional

➡ 1 terninho de cor neutra.
➡ 1 tailleur.
➡ 1 vestido preto.
➡ 1 blusa.
➡ 1 camisa.
➡ 1 par de sapatos sociais.
➡ 1 par de sapatos esportivos.
➡ Cinto.

- Brincos e colares.
- Lenço para o pescoço.
- Meia-calça.
- 1 calça jeans.
- Lingerie.

DICA 12
Férias no inverno

A hora de fazer a *mala de inverno* sempre gera dúvidas...

- O que levar para que não falte nada?
- Como não passar frio durante a viagem?
- Os itens de inverno são mais volumosos e pesados do que os que levamos em viagens de verão, por isso é importante escolher bem o que é necessário para não sobrecarregar a mala.

DICA 13
Exemplo básico do que levar em uma mala de viagem de férias no inverno

- Gorros.
- Luvas.
- Cachecóis.
- Camisetas térmicas.

- Meias.
- Casacos.
- Protetor de orelha.
- Sapato ou bota adequados para climas mais severos.

DICA 14
Itens indispensáveis em qualquer viagem

Existem alguns itens que são indispensáveis na mala. A quantidade irá variar de acordo com os dias de viagem de cada pessoa.

Não se esqueça de levar:

- Protetor solar (corpo e rosto) de uso frequente.
- Prendedores de cabelo.
- Produtos de higiene pessoal e kit maquiagem.
- Eletrônicos (celular, carregador...).
- Roupas que estejam de acordo com o local escolhido e que sejam confortáveis.
- Lembre-se sempre: menos é mais!

DICA 15
Checklist de viagem

Roupas
- Camisas
- Bermudas
- Calças
- Roupa íntima
- Pijamas
- Agasalhos
- Cintos
- Meias
- Tênis
- Chinelos
- Sapatos
- Sandálias
- Bonés
- Relógios
- Óculos de sol
- Roupas de banho
- Capa de chuva

Toalete
- Escova de dente
- Pasta de dente
- Protetor solar
- Protetor labial
- Cremes
- Maquiagem
- Absorventes
- Aparelho de depilar
- Escova de cabelo
- Perfume
- Lenços de papel
- Remédios

Eletrônicos
- Pilhas e baterias
- Carregadores
- Celular
- Fone de ouvido

Outros
- Guarda-chuva
- Bolsa/cinto para dinheiro
- Passatempo para avião
- Canetas
- Bloco
- Sacolas
- Lacres

Papéis de viagem/documentos	
– Passagem aérea	– Carteira de identidade
– Endereço do hotel	– Seguro-saúde
– Confirmação do hotel	– Documento de saída de eletrônicos
– Confirmação do carro	
– Cartão de crédito	– Nota fiscal de eletrônicos
– Dólar	– Mapas e direções
– Real	– Cupons de desconto
– Passaporte	– Guia de viagem
– Carteira de motorista	– Ingresso de parques
	– Etiquetas para malas

DICA 16
Malas e seus organizadores

Você já pensou em chegar a seu destino com tudo organizado e desfazer suas malas com tudo separado como se fossem gavetas? Pois os organizadores de mala estão aí para isso.

Trata-se de um novo conceito para organizar sem dificuldade sua mala de viagem, com diferentes opções e cores, superversátil, que vai ajudar você a organizar sua mala de forma prática e bonita.

Você pode guardar cada item da sua bagagem de forma individual, separando lingerie das roupas do dia a dia, das meias, roupas de lã... Sua mala vai e volta superorganizada.

DICA 17
Mala protegida

Não se esqueça dos cadeados das malas e, principalmente, do lugar onde guardará as chaves.

DICA 18
Seguro-viagem

Faça seguro-viagem! Você ficará mais tranquila, pois este cobre doenças, acidentes, atraso ou perda de voo, além de perda ou extravio de bagagens.

10

Ser mais consciente

*Mudanças são necessárias
e inteligentes na vida.*

Mudanças de estilo, comportamento, moradia, profissão e hábito ocorrem ao longo da nossa existência e as chamamos de "ressignificar", ou seja, adequar-se ao momento.

ressignificar

Nem sempre podemos adquirir novos itens, mas a transformação é inteligente, portanto, aproveite a base e mude o visual.

DICA 1

→ Aquela calça ou jaqueta jeans, com a aplicação de alguns bordados, rendas ou mesmo botões, já é uma peça diferente e até mesmo considerada nova.

DICA 2

→ Sua casa, seu cantinho de paz e repouso, pode receber uma nova cor nas paredes.
→ Seu sofá com novas almofadas.
→ Um toque verde de folhagens, um porta-retrato com uma foto linda das pessoas queridas... farão toda a diferença com um custo inteligente.

DICA 3

→ É hora de doar tudo aquilo que já não é mais representativo para você.
→ A generosidade é linda e nos dá muita paz.

DICA 4

→ Não esqueça que tudo começa com uma boa organização, visando deixar nossos espaços com o que realmente usamos, além de mais práticos, funcionais e principalmente lindos aos nossos olhos.

Em um tempo passado, até mesmo próximo ao presente, tudo o que não servia mais e não nos interessava era "lixo".

Hoje sabemos que "lixo" é uma fonte potencial de matéria-prima para a fabricação de outros produtos, beneficiando toda a sociedade no aspecto ambiental e econômico.

Essa ação utilizada de forma inteligente chama-se "sustentabilidade".

Se observarmos todos os seres vivos, todos os espaços produzem lixo diariamente. Se separarmos o que é embalagem de bens consumíveis, o que sobrar será somente lixo.

Esse montante de lixo e não lixo é muito diferente.

A essa separação do lixo chamamos de "reciclagem"; reciclar produtos que podem voltar a ser novos produtos, gerando benefícios.

Esse conhecimento cultural, nossa consciência de que isso é correto, nossa colaboração com a sociedade e o meio ambiente são fundamentais para termos um mundo ecologicamente correto.

DICA 1

Hoje, ter conhecimento e praticar sustentabilidade é:

- Ser culto.
- Ser inteligente.
- Fazer a sua parte para termos um mundo melhor.

DICA 2

- Fale menos e faça tudo que for possível.
- Passe o exemplo a todos que estão próximos de você.

DICA 3

Quando você recicla, você poupa:

- Árvores.
- Energia.
- Petróleo.
- Muita água.

A economia é representativa.

DICA 4

→ Todos os produtos que forem para a reciclagem devem estar limpos, sem resíduos de alimento e secos, evitando assim o surgimento de insetos.

DICA 5

→ Embalagens de remédios, seringas e agulhas são consideradas infectantes, não podem ser descartadas em qualquer lugar, mas sim em farmácias ou postos de saúde.

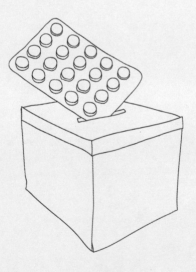

DICA 6

→ Descasque mais e desembale menos! As embalagens podem ser muito poluentes e tóxicas para o meio ambiente. Prefira sempre as frutas em seu estado natural.

Tenha uma vida mais...

- Feliz
- Leve
- Organizada
- Viajada
- Descomplicada
- Despreocupada
- Descontraída
- Equilibrada

- Sustentável
- Amorosa
- Tranquila
- Segura
- Bem-sucedida
- Realizada
- Saudável

Você!

As dicas que apresentei neste livro nada mais são do que sugestões para que você tenha a vida que sempre sonhou, com tudo aquilo que deseja e merece. Porque você merece, sim, ser quem você quiser. E nós sabemos disso.

Por isso, segui-las vai te ajudar a se descobrir e a tornar a vida mais fácil, mais arrumada e mais organizada. Tenha-as sempre como um norte (e as próximas páginas podem ajudar nesse processo). Arrume a sua vida com tudo o que você tem a seu alcance, a seu lado e a seu favor.

É possível organizar a vida para recomeçar e conseguir ser quem você sempre quis!

VALE NOTA

Fique à vontade para anotar nas páginas a seguir as dicas que mais impactaram você, os temas que considerou mais importantes e as tarefas que não pode esquecer de cumprir.

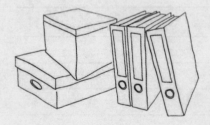

Editora Planeta Brasil | 20 ANOS
Acreditamos nos livros

Este livro foi composto em Electra e
impresso pela Gráfica Santa Marta para a
Editora Planeta do Brasil em janeiro de 2024.